# 私の仕事

国連難民高等弁務官の10年と平和の構築

緒方貞子



朝日文庫

本書は二〇〇二年十二月、草思社より刊行されたものです。
なお、文中に出てくる肩書、職名、国名などは原則として
執筆当時のものです。

# 私の仕事●目次

## Ⅲ　難民援助の仕事を語る

# 私の仕事

――国連難民高等弁務官の10年と平和の構築

# 難民救済と人間の安全保障——はじめに



本書は、私が一九九一年一月に国連難民高等弁務官（ＵＮＨＣＲ）を拝命し、二月にジュネーブに赴任してから現在（二〇〇二年）にいたるまでの、ジュネーブでの日記、難民援助の具体的な活動や問題点について執筆したもの、インタビュー、人間の安全保障に関する講演やアフガニスタン復興支援国際会議前後のスピーチをいくつか選んでまとめたものである。

もし昨年の米同時多発テロ事件が発生せず、アフガニスタンへの難民の帰還と同国の復興が国際課題とならなかったならば、本の内容は、二〇〇〇年末にＵＮＨＣＲを退任するまでの十年間にわたる難民援助の仕事を振りかえることにとどまっていたであろう。しかし、ニューヨークの自宅の四十階の窓から世界貿易センタービルが倒壊していく様子を目撃した日を境に、私はふたたび、回顧録に専念する静かな生活から国際政治の現場に呼び戻されることになった。したがってこの本は、難民援助の現場から復興支援の現場へ一直線に進むことになった私の歩みを示すものといえる。

私が十年の間に、中近東、バルカン、アフリカ、アジア、中南米各地での紛争をみていて思いはじめたことは、国家が権力によって領土を完全に保全し、国民の生命の安全を完全に保護できる時代は終わったということである。紛争がおこる前に、飢え、病気、宗教的民族的差別、社会的不公正で苦しむ市民を直接支援する国際的な仕組みをつくらなければ、この地球上から難民がなくなる日は来ない。私は、アフガン復興の仕事に取り組むことにより、国家に加えて人間の安全保障を考えるという思いを実践にうつす第一歩を踏み出したのである。

ではこのような考えをもつに至るまでに、私がどのように難民問題と取り組んできたのか、その仕事は具体的にどのようなものであったのか、私がみた紛争とは現実にはどういうかたちをしていたのか、人類の古くて新しい難民問題に対して、解決への新しい糸口をどのように模索し、どういう判断をしてきたのか、本書はその現場の記録を読者にお伝えしようとするものである。

## 画期的決定

　私が国連難民高等弁務官に就任した一九九一年は、冷戦が終焉《しゅうえん》し、民族的、宗教的、社会的な国内紛争の種に次々と火がつきはじめたときであった。そもそも国連難民高等弁務官事務所は一九五〇年に東西対立の悪化する国際情勢のなかで共産圏から逃げてくるヨーロッパの難民を保護支援するという目的で開設された組織である。したがって冷戦が終われればその任務も次第に薄れていくはずだと思えるが、私を待ち受けていたのは、史上空前の二千二百万人もの難民と取り組むという現実であった。

　新しい難民問題に対しては、新しい対応が迫られる。私が任期中に難民援助の従来の枠を超えなければならないと決断したときは大きく分けて三回あった。

　一つは、クルド難民救済におけるイラクへの人道的介入である。一九九一年二月にジュネーブに着任してから一カ月余りのうちに、湾岸戦争収拾後のイラクでクルド難民が数日の間に百七十万～百八十万人もイランとイラク・トルコ国境地域に流出した。多国籍軍の投入に乗じてイラク政権に対して蜂起したクルド人が、まだ軍事力の残っていたイラクの親衛隊から逆に迫害を受け、いっせいに国境に押し寄せたのだ。そのうち百四十万人がイランの国境を越えたが、問題となったのはトルコとの国境地帯に向かった四十万人であった。かねてから国内のクルド武装勢力に悩まされていたトルコが治安のためにイラクからのクルド難民受け入れを拒否、国境を閉ざしたからである。しかもトルコはNATO（北大西洋条約機構）加盟国なので、米英としてもトルコの意向に強く反対できなかった事情があった。

そこにCNN効果というか、行き場所を失い山岳地帯で飢えと寒さに苦しむクルド難民を放置していてよいのかという国際世論の力があふれてきた。そこでアメリカ政府が中心となり、多国籍軍が山に残っているクルド難民を、彼らを弾圧するイラク側の平地に設定した「安全地帯」に降ろした。そのような状況のもとでUNHCRはイラク領土内でクルド難民を救済することとなったのである。

そこで問題となったことは、難民条約により、難民は「国境の外に出てきた人」と定義されていたということである。果たして、「国境から出てきていない」人々を、私たちが国内に入り込み、さらに多国籍軍による軍事介入の支援を得てまで保護すべきか、という問題に直面した。そもそも冷戦後の十年間というのは戦争の形態が変わった時代である。それ以前の戦争というのは、国と国との戦争であるから、国境線というのが非常に大事なものであった。従来の考えでいけば、主権国家は国境によって守られるということが明確にわかっていた。その国境のなかで、思想的に、宗教的に迫害を受けた人々が祖国から逃げなければならない、国籍は失効する、そうなったときに保護する機関としてＵＮＨＣＲの存在があった。クルド難民の場合は、果たしてクルド人がわれわれが保護する対象になるのか、ならないのか、その区別が国境によって明示されてはいなかった。

結局、私はイラク領内でのクルド難民救済に踏み切った。国連事務総長は特別代表を同国へ派遣し、同地における国連活動の合意をとりつけた。ＵＮＨＣＲはイラク政府との合意のもとに、多国籍軍と国連警備員の支援を受けて「安全地帯」内で、母国に帰還したクルド難民の救済にあたった。この判断に対するＵＮＨＣＲ内部での議論は大きく分かれた。しかし、私の判断の拠り所となったものは、ただひとつ、彼らを「救わなければならない」ということであった。この基本原則（プリンシプル）を守るために、私は行動規範（ルール）を変えることにした。

## サラエボ援助物資空輸

難民援助が従来の枠を超えることになった二つ目の判断は、一九九二年七月サラエボで軍との協力による物資空輸を開始したことである。この場合、停戦合意のない戦闘状態のなかで人道援助を行ったはじめての経験という意味で画期的だったと思う。

一九九一年にユーゴスラビア連邦の解体が始まり、まずスロベニアが、次にクロアチアが独立した。UNHCRは一九九一年十月にユーゴ連邦政府から人道援助の依頼を受け、さらに事務総長の求めに応じてユーゴに入った。一九九二年の四月、ボスニア・ヘルツェゴビナが独立宣言をし、首府のサラエボ空港が戦闘のために閉鎖された。ボスニアはムスリム、セルビア、クロアチア三民族の混在する複合国家であったが、イスラム系住民に対するセルビア人の迫害はすさまじく、彼らはサラエボ周辺の山から攻撃を続け、四十万人の首府住民に迫った。激しい戦闘と民族浄化が繰り返されるなか、サラエボという首府全体が籠城化してしまったわけである。

従来、紛争のなかに入っていって人道活動をしてきたのは赤十字国際委員会（ICRC）である。それをどうしてUNHCRが戦闘状態のなかでの人道援助に踏み切る決断をしたのか、その理由はふたつあった。ひとつには、当時まだ難民として国外に流出していなかった人々も、六つの共和国から成り立っていたユーゴスラビア連邦が解体するとなると、その共和国間の境が国際的な国境に変わる。つまり、きょうの「国内避難民」は明日の「難民」になる状況があったわけである。したがって、難民予防の意味からも、人道援助活動を開始したほうがよいと判断した。

もうひとつの直接的なきっかけは、サラエボにおいて、ＩＣＲＣ代表が襲撃を受けて亡くなるという事件である。その代表は非常に優秀な若い人で、しかも赤十字のエンブレムのついた自動車でサラエボの病院に医療品を運ぶときにねらわれた。その衝撃は大きく、ＩＣＲＣはボスニアから引き揚げることになった。そこで、非常に大きな人道事業があるのでわれわれまで撤退するわけにはいかず、結局、ＵＮＨＣＲがサラエボを中心にボスニアの人道援助の中心的な役割を担うことになった。ここでも、国内避難民を「生き延びさせる」というプリンシプルが根底にあったわけである。

具体的に空輸の仕事をＵＮＨＣＲが引きうけることになった契機は、国連安全保障理事会でサラエボ空港を再開するべきだとの決議案が採択されたことである。ではどうしたらよいか各国が議論するなかで、真っ先にサラエボの空港に着陸してみせたのは、フランスのミッテラン大統領であった。これは名乗りをあげたかったからだと思う。日本ではあまり理解されていないことだが、日本人は安全になってから紛争地に出て行くのに対し、国際舞台では危険なときに指導者が飛び出すことで、その国の旗を揚げ、国際的なイニシアティブをとることがしばしば見られる。いわばリーダーシップの見せどころととらえるわけである。日本人は、自国の援助の「顔が見えない」

不満を訴えるが、見せないでおいて「見えないと言われる」と言ってもしようがない。

そこで、ミッテランがサラエボに乗りこむことによってまずフランス軍が、次にカナダ軍もサラエボに向かい、各国も輸送機を提供することになった。国連事務総長はUNHCRに対し、サラエボ空輸の責任機関となることを要請した。国連は千五百人の国連保護軍（UNPROFOR）を派遣、UNHCRはジュネーブに空輸司令部を置き、輸送機の発着、援助物資の積み下ろしや点検、空港から市内への運搬を管轄した。国連保護軍が空港と物資輸送を警備した。サラエボ空輸は結局三年間続き、「国際社会はサラエボを見殺しにはしない」という人道援助の国際的シンボルになっていき、食糧や生活物資のみならず、郵便、新聞社の用紙までサラエボ市民が生きていくための中枢的なものすべてを空輸した。それが転機となり、その後ルワンダでも、コソボでも人道援助の空輸作戦を展開することになった。

私は空輸作戦がはじまった五日後にサラエボ空港に着いた。まずクロアチアの首府ザグレブから飛行機でサラエボに入り、またザグレブに戻って、そこから陸路ベオグラードに行った。防弾チョッキ姿は有名になったようだが、サラエボ旧市内で受けた市民の温かい歓迎は今も忘れることができない。

## 難民キャンプのなかの虐殺者

むずかしかった決断の三つ目は、一九九四年にコンゴ民主共和国（旧ザイール）のゴマに向かって百万人の規模で大量流出したルワンダ難民のなかに、集団虐殺に関与した武装兵士や軍人、民兵が紛れこみ、彼らと難民をどのように区別するかという問題が生じたときである。

これはその前に、ルワンダで多数派を構成するフツ族の政権が、対立する少数派ツチ族八十万人を大量虐殺し、その後の内戦でフツ族が敗れると、ツチの報復を恐れて、フツの武装勢力が一般難民を盾にして、旧ザイールに逃げたのである。それは人が河の流れのようにみえる延々と続く大量流出であった。

そのような状況で武装旧戦闘員と非戦闘員を切り離し、兵士を武装解除する仕事は、UNHCRの任務と能力を超えるものであった。当時ブトロス＝ガリ国連事務総長が五十カ国近い加盟国にその仕事を依頼したが、求めに応じたのは一カ国にすぎなかったといわれている。各国が多国籍軍の派遣をしぶったのも、武装解除にともなう危険が大きかったからである。

結局、UNHCRとしては、女性、子どもが多数をしめる難民キャンプで食糧等の援助を行わなければならず、旧戦闘員も一緒に援助せざるをえなかった。これは結果として、UNHCRが旧政権の虐殺者の側にたつことにもなり、難民キャンプのシビリアン性を確保するという人道活動の原則からはずれると批判を受けることになった。批判して引き揚げてしまったNGO（非政府組織）もあったうえに、UNHCRの職員も大きな危険にさらされた。

これにより、私はある時点で、国連の平和維持活動の延長線上の軍隊を難民キャンプに派遣することが必要ではないかと思うようになり、平和維持軍、あるいは監視軍の出動を求めたが、実現に至らなかった。

## 私の判断の基準

以上述べた三つのケースは、外的な状況が変化したために難民保護の原則を守りつつも、従来の難民援助の行動規範を変えなければならなかった例である。現場に応じて、一番役に立つ方法は何かというのが私の判断の基準であった。私どもの場合、役に立つということは、最後の点において、人の生命を助けるということである。生きていさえすれば、彼らには次のチャンスが与えられる。現場の状況が難民援助の原則にあわないので撤退するという国際機関やＮＧＯはときどきみられた。しかし、ＵＮＨＣＲは、国連総会から委任され、難民を保護し、支援し、問題を解決するという任務を負っているので、これはするが、これはできないというような選択で動くことはできない。

ＵＮＨＣＲの仕事はその八割が現場にある。冷戦終結とともに、状況的に非常な変化があったなかで、もともと与えられている任務をどこまで効果的にできるか、そういう考え方で私は仕事をしてきた。よく予防外交という言葉を耳にするが、私はＵＮＨＣＲの職員には、自分たちの能力を最大限に高めることにより、状況の悪化を防ぐ方針を持たせるようにした。何か緊急事があったとき、ぱっと出ていって、いろいろなかたちで役に立つという陣容を訓練してきた。予防活動を難民援助の現場で実施したのである。

予防外交の呼び声は高いが、そもそも外交とは国家と国家の間の駆け引きや取り引きをするものである。私はいわば、いろいろな国で「内交」をしてきたといえよう。いろいろな国にでかけていき、そこの指導者と取り引きをして、その社会のなかで不当な扱いを受けている人々を守るために数々の交渉を重ねてきた。いわば、犠牲者の保護者のようなかたちの仕事である。つねに難民という犠牲者の保護者として、保護を実施するための交渉に当たる。次に、保護者としていろいろなところへ行って拠出金を含む支援を集める、これが私のしてきたことである。

## アフガニスタン復興支援国際会議

私は日本政府からの依頼を受けて今年（二〇〇二年）一月二十一日、二十二日に開かれたアフガニスタン復興支援国際会議の共同議長をつとめたが、これも、いわば、状況がテロ事件とアフガニスタンをつなげ、その状況に私が対応したといえよう。引き受けた理由は、アメリカは軍事的な役割を、日本は復興のほうで一役買うというかたちのコンビネーションが日米間で原則として約束され、その中でとくに日本は復興のほうをまとめるという政府の考えに賛同したからである。

日本政府によるアフガン支援の取り組みはかなり以前からはじまっていた。一九九六年にアフガン支援の会議をすでに提案したことがあるし、アフガン難民の帰還のために二千万ドルの基金を設けている。タリバーンのもとでアズラ計画という、帰還した人々のために小さな規模の地域開発プログラムも行っている。こうした下地がすでにあったので、各国も素直に日本の支援会議招集を受け入れ協力してくれるという幸運な背景があった。

　アフガニスタン復興支援国際会議は拠出誓約会議だったので、みなが納得するというかたちでまとめることが必須の条件であった。この会議により、どのくらいのお金が集まり、今後どのくらいの数の国が、アフガニスタンの復興にコミットしていくかを現実的に決めなければならなかった。

　まず何より嬉しかったことは、あれだけ多数の国々が参加したことである。招待されていなかったスロバキアも参加し、結局、アフガニスタンをいれて六十一カ国とEU（欧州連合）、それに二十一の国際機関が参加した。

　アジアの国々からも、深い関係のある国はすべて来たが、ほとんどが大臣級を送ってきたのは、ほんとうに嬉しいことだった。あまり知られなかったが、国際会議ははじめてというベトナムからの代表も来ており、私に挨拶をされて、「自分たちはこういう会議に参加するのははじめてだが、これからみんなで協力していくこの会議に出席し、他の国の役に立ちたい」と述べられたことは印象深く心に残るものであった。パキスタン、中国など支援額を表明した国のほか、マレーシア、シンガポール、タイ、フィリピン、タジキスタンなどが軒並み顔をそろえ、お金以外の支援、たとえば、インフラ整備要員の派遣、研修生の受け入れ、兵隊の派遣等を表明してくるところもあった。また、ロシア、パキスタン、イランなどのアフガニスタンの周辺国の間では、いろいろな政治的配慮から、日本と一緒に行動できれば非常に嬉しいという言葉がよく聞かれた。

共同議長国は日本のほか、アメリカ、EU、サウジアラビアであったが、日本が主催国をつとめた。このように、日本が音頭をとったことにより支援国の輪が広がり、アジアの国々や、アフガニスタン周辺国が一緒にやっていきたいという言葉を発してくれたことは私を大変に勇気づけるものであった。今まで支援を受けてきた国々が自力をつけ、今度は支援をする側にまわろうとする。これは、日本が歩んできた道だからこそ、彼らは素直にこのような立場にまわれる喜びを表現するのではないだろうか。日本の外交がこういう声をしっかりと受けとめて進めば、共存共栄できる世界の扉は少しずつ開かれていくという思いを私は強くしている。日本に与えられた外交課題は大きいことを自覚しなければならない。

個人的なことを申せば、私は日本については多少歴史も学んできたし、日本政府代表として仕事をしたこともある。しかし、自分は日本人だからとつねに意識して行動しているわけではない。これまでの仕事のおかげで、会議ではたくさんの仲間がいたので議長をつとめやすかったし、多くの知人にも会えたのは役得といえようか。また私のUNHCRの任務は十年であったが、私が難民援助の現場にはじめてでたのは、一九七九年、カンボジアから三十万人という難民がタイ領に流出したときである。そのときは日本政府のカンボジア難民現地調査団長として難民の生の声を聞いてまわったが、キャンプでは日本人をひとりもみかけなかった。今や、人道支援の現場の国際機関やNGOで働く日本人によく出会うし、この会議にもかなりの日本人のNGOが参加した。二十年前、日本政府はカンボジア難民の支援会議で資金援助と国際機関への一億ドルの拠出金を表明したが、それは外からの非常に強い圧力がかかったからである。アフガニスタン復興支援国際会議は、日本がイニシアティブをとって主催国となり、会議も東京で行われ、小泉内閣は二年半で五億ドルという支援金を表明した。日本の難民援助の歩みを感じたときである。

ひとつ残念なことは、海外と比べて、メディアの報道が会議そのもので終わってしまい、その後いざ立ち上げの段階になると、日本国内の関心がたちどころに内向きになってしまったことである。国際的な責任感、目標というものが国内全般ではまだ希薄といえるかもしれない。緊急の人道援助から長期の復興援助に進んで行く過程というのは、時間がかかりどうしても出足が遅くなる。ここで日本は方向をはっきりと示し、アフガン政策の全容を再確認しそれにもとづくプロジェクトを、NGOや国際機関と協力して実施していくことが重要である。もういちどあのような熱意を示してくれた参加国に対して、一緒にやっていこうと働きかける努力が必要なのではないだろうか。アフガニスタンの悲劇を生んだのは、国際社会の無関心であったことを、ここで今一度思い出していただきたい。

## 国家から人間の安全保障へ

私は昨年、テロ事件が起きる前に、世界の有識者十二人で発足させた「人間の安全保障委員会」の共同議長のひとりとなり、安全保障の対象を国家から社会に広げる仕組みをつくろうとしている。人間の安全保障というのは、安全保障を人権、人道、保健衛生、開発、環境、教育等幅広い人々の営みの側面から考えるものである。そもそもこのようなコンセプトは、すでに大平内閣の総合安全保障のコンセプトに萌芽《ほうが》がみられるが、軍事力で紛争を解決しないという方針を追求してきた日本外交にとっては最も重視すべきものであり、ことに小渕《おぶち》内閣が真剣に取り組む方針をたて、基金も一億ドル用意した。国際的にも広がりができ、カナダをはじめ、いわゆるミドル・パワーを中心に人間の安全保障の協力国家ネットワークのようなものがつくられ、私も概念の定義づけをするための提案を試みたことがあった。コソボの例などにみられるように、軍事行動だけでは問題は根本的に解決されないことを難民援助の現場での認識から示したものであった。

具体的には、安全保障の対象を個人の安全保障に置きかえるという意味ではなく、人々が暮らす共同社会（コミュニティ）の安全保障を基盤とするというのがこの委員会の考え方である。個人は何かの集団に属しているからである。その社会的な集団が政治的、社会的、経済的に保護を必要とするものもあれば、しないものもあり、それは国によっても違ってくる。

例えば、貧困そのものが問題になるのではなく、ひとつの国内でつねにある特定の社会層が貧困であるということが紛争の火種になるのである。こういう火種は兵器で解決することはできない。

「人間の安全保障委員会」は、まず、そういう社会的不公正な背景からうまれてくる差別に焦点をあてようとするものである。国内で不当に扱われていたり、機会を与えられなかったり、宗教的、民族的に差別をうけているコミュニティに援助を与え、そのコミュニティが力をつけるようになれば、次第に彼らは自立をはじめ、やがては彼らの自治が可能になる。そうすることによって、国家とはまた別の主体がうまれ、それらが互いに共存しあう、いうなれば、共治するという発想である。

アフガニスタンは二十年余りのあいだに、六百万人以上の難民が流出し、私が二〇〇〇年に難民高等弁務官として最後にアフガニスタンを訪れたとき、まだ帰還できない難民が二百五十万人ほど残っていた。それがこれからは、アフガニスタン支援日本政府特別代表として、アフガニスタンの国づくりと社会づくりの貢献に加わることができるようになったわけである。これまで、「人道」と「復興」は縦割りの責任体制で扱われてきた。国連においても安全保障、人道援助、開発援助等、組織上分かれてそれぞれの問題に取り組んできている。しかし、グローバル化が進み、紛争が国内化した今日、政治、紛争、経済、社会どれをとっても問題は密接に関連しあっている。

しっかりした政府をつくる「国づくり」と、人々の安全と自立を確保するための「社会づくり」に、支援諸国、NGOなどがアフガン人と共同で取り組む同国の復興は、UNHCRでやり残した仕事の集大成であると同時に、新しい時代の大きな試金石だと思っている。

二〇〇二年八月

# Ⅰ　ジュネーブ忙中日記

UNHCR／A.Hollmann

国連難民高等弁務官に就任時、ジュネーブ本部入口で。1991年１月

# 一九九三年

**五月四日**（火）

毎朝定例の副高等弁務官、官房長を交えた打ち合わせ会議を終えると、新たに国連タジキスタン特別代表に任命されたキタニ大使が来訪。難民高等弁務官（HCR）は、昨年末以来内紛を逃れるタジク難民に対し、テント、毛布、食料などの支援を続けている。キタニ氏の任務は、同国の紛争を調停すること。同氏を送り出すとジュネーブ空港へ直行する。十分間で空港に到着できるこの町の地の利は何より。

ロンドン着。夜はロンドン・スクール・オブ・エコノミックスで、世界政治の変遷と難民問題について講演。

**五月五日**（水）

朝、車でオクスフォード大学へ向かい、セント・アントニーズ・カレッジで歴史の教訓としての難民問題を取り上げる。同カレッジでは、近代日本政治史の先駆者リチャード・ストーリー教授を記念した特別講義が毎年行われている。依頼を受けて、アジアを中心にした難民問題の歴史的変遷をたどってみた。帰路オクスフォードのブラックウェル書店で、一時間あまりのぶらつきを満喫。すばらしい春景色を楽しみながらヒースロー空港までドライブ。

**五月六日**（木）、**七日**（金）

ＨＣＲ内部の人事や運営問題に忙殺される。毎週木曜日十一時から一時は幹部会。さらに来春予定されているオフィス・ビル移転をめぐる関係者との打ち合わせ。ロシア共和国緊急援助委員会からの協力関係樹立の申し入れへの対策等々。

**五月十一日**（火）

午前は初代難民高等弁務官フリチョフ・ナンセン氏を記念して設けられたナンセン賞の選考委員会を招集。午後には旧ユーゴスラビア事務総長特別代表に就任したストルテンベルグ前ノルウェー外相、続いて在ユーゴスラビア国連保護軍（ＵＮＰＲＯＦＯＲ）ワルグレン司令官の訪問を受けた後、バングラデシュ訪問のため夕刻出発。

二十五万のミャンマー難民をかかえるバングラデシュ訪問の目的は二つ。ミャンマー難民帰還に関するバングラデシュ・ＨＣＲ覚え書の調印と現地視察。大統領、首相、外相、内相（警察担当）、環境相などとの会談を終える。

**五月十四日**（金）

現地へ赴く。軍用ヘリコプターでダッカから二時間のコックスバザール行きは、雨期の折柄、天候が心配された。前日の会食での話題はもっぱら「明日の天気」。ＨＣＲダッカ事務所の日本人女性職員が、テルテル坊主を作ってくれたのには感激。効果あってか、当日はすっかり晴れ上がり、キャンプ視察を無事実行できた。概して良好な難民の栄養状態にホッとする。キャンプに集まった難民は手をふり、温かく歓待してくれたが、いつもながら、一カ所にゆっくりとどまることは許されず、あわただしいキャンプめぐりとなる。

**五月十五日**（土）

出発前の記者会見でとくに気を遣ったのは、バングラデシュ訪問のミャンマー側への反響。ミャンマーへは、私の訪問と同時期に国連代表団が難民帰還予定地域における国連職員の派遣を交渉中である。

バングラデシュから帰ると、わずか一日で北米へ出張が予定されている。

**五月十七日（月）**

スケジュールは過密気味。十一時、カナダ・アメリカ訪問ブリーフィング。十一時三十分、両国における募金状況ブリーフィング。十二時、六月末のアフリカ統一機構（OAU）サミット会議打ち合わせ。三時三十分、アフリカ難民デー・メッセージの録画撮り。四時四十五分から五時半まで、アジア、財務、法務各部長による報告と協議。六時、旧ユーゴスラビア国連人権報告者マゾヴィエツキ元ポーランド首相の来訪。夕食は近く帰任の宇川秀幸（ジュネーブ国際機関日本政府代表部）大使夫妻とともにする。

**五月十八日（火）**

夕、オタワ到着。難民高等弁務官としては初めての訪加。詳細に準備された三日間のスケジュールは、マルルーニー首相との会談の他は、外務省、雇用・移民省、国防省、対外援助庁の四つの官庁と人権や難民関係の民間団体との協議と懇談にあてられる。オタワ市の中心に設立された平和維持活動モニュメントにおける献花式には感動。すべての国連平和維持活動に参加してきたカナダの自負を象徴している。政権交代期のカナダではあるが、ＨＣＲおよび難民問題に対する各方面の強い支持表明に力づけられる。

**五月二十二日**（土）、**二十三日**（日）

週末、アマースト大学の卒業式にのぞむ。卒業生への祝辞と名誉博士号の授受。明治初期に同大に学んだ新島襄《にいじまじょう》を引いて、学んだ知識を広めるように訴える。卒業生の若さと、校庭の緑がまばゆい。

**五月二十四日**（月）

三日間、ワシントン訪問。ゴア副大統領、レス・アスピン国防長官、レノ司法長官、ホートン国務次官、その他各地域担当事務次官補などと会談。

夕、「マクニール・レア」テレビ番組に出演。ボスニアにおける「安全地帯《セーフ・エリア》」に話題は集中。軍事的な安全地帯の設立に加え、民生の安定をはかることの必要性を強調。食糧の生産、水の供給、援助活動のアクセスの保証がないところに、五万人以上の人間がすしづめになった状態では、住民の生活は成立しない。安全保障理事会が決議案で標榜する「安全地帯」の実態がはっきりしない。

**五月二十六日**（水）

終日を議会で過ごし、ドール、ケネディ、リーヒー、ペル各上院議員、フォリー下院議員、ハミルトン・フィシ、ブレマンなど下院対外関係委員会委員などと面会。目的は、クリントン政権の新しい政府関係者に難民問題の現状を説明し、支持を要請すること。とくに本年度も昨年同様二億四千万ドル以上の拠出を確保することである。各氏からの協力表明に力を得る。

**五月二十七日**（木）

夕、ニューヨークへ向かい、外交問題評議会で講演。ここでも旧ユーゴ情勢、「安全地帯」問題などに質問が集中する。

**五月二十八日**（金）

朝、ユニセフ事務局訪問。カナダ代表部で西側各国代表に対し、難民問題の現状をブリーフ。ブトロス＝ガリ国連事務総長と会談の後、政務関係のグールディング元国連平和維持活動担当事務次官、アナン事務次長と昼食。夕刻ニューヨーク出発。帰路の機中はただ眠るばかり。

それにしても、出張続きの五月であった。ジュネーブを留守にした総日数は十九日。一カ月の三分の二を道中で過ごしたことになる。

**六月一日**（火）

カナダ・アメリカ出張から帰って二週間ぶりの出勤。次々と留守中の報告を受ける。プラター・アジア部長とラ部員によれば、ミャンマー難民帰還に関するミャンマー政府との協議が進み、私の同国訪問が実現の見通しとのこと。前月のバングラデシュ訪問に引き続き、ミャンマーへも行くこととなれば、また一つ、難民問題が解決に向かうものと期待は大きい。

午後、悪い知らせに驚く。中央ボスニアにおいて、マグライ市に籠城する三万二千人のイスラム系住民のための救援物資輸送トラック隊（十二台）が砲撃され、三名が死亡、五名が重傷。輸送隊は、前後をカナダ国連保護軍に守られ、しかも交戦を避けてトンネル内に避難したところを、外部から砲弾を撃ち込まれたという。明らかに、国連の人道援助を標的にした攻撃。はげしい怒りを覚える。犠牲者の出身国デンマーク政府への弔慰《ちょうい》伝達、プレス・リリースを通し、卑劣な攻撃をきびしく非難。

**六月二日（水）**

本日から三日間、在ユーゴ事務所長会議を招集、一年八カ月ユーゴ人道援助を指揮したメンデルセ特使の交代を機に、活動の総括を試みる。メンデルセの大活躍は広く評価されたが、超過重任務をいつまでも負わせるわけにはいかない。進展しない政治交渉、激化する戦闘、職員の安全確保、どこまで続くか人道援助、前日の遭難事件の後だけに慎重を期する声も強い。できる範囲で無理をせず、やれるだけやるとの結論。万一の緊急事態に備えての対策も準備。

**六月三日**（木）

定例の木曜幹部会を終え、ファル国連人権センター所長と昼食。十四日から開かれる世界人権会議の見通し等につき意見交換。三時、ホレキンス在スーダンＨＣＲ代表、三時半、ヴァルノ・ノルウェー大使、四時、コイマン・オランダ外相来訪。コイマン氏は元オランダ国連人権委員会代表を務めた旧知。ボスニア問題、難民問題、人道援助調整問題と話がはずむ。

**六月四日**（金）

午前、ＨＣＲ非公式執行委員会。議長のラノス・アルゼンチン大使がモザンビーク、マラウイ難民視察の帰朝報告を行う。新鮮な視点に議場の関心が高まる。各国大使からも、キャンプ視察の希望続出。

**六月七日**（月）

ワイス・デンマーク内相、フリガボ・スウェーデン移民相等が来訪。コソボ、マケドニアからの移民・難民の増加に対応するため、ユーゴ難民にもビザ取得を義務づける動き。難民受け入れを国是としてきただけに、事態は深刻な模様。とりあえず法務担当官を両国へ派遣することで合意。

**六月八日**（火）

昨日に続きILO総会の関連からか、労働相の表敬が相次ぐ。新着の遠藤實ジュネーブ代表部大使、洪《ホー》韓国大使の訪問も受ける。求めに応じ、ILO総会の賓客として来寿（ジュネーブ）のメネム・アルゼンチン大統領に、難民問題の世界的状況をブリーフ。

「ガーディアン」紙のヘラ・ピック記者取材。

**六月九日**（水）

チューリッヒの国立工科大学で講演。三十五年前のカリフォルニア大学留学中の友人、ビールマン数学部教授の依頼に応えたもの。コンピューター施設等も見学する。スイスの大学生総数は七万五千人、入学試験はなく、高校からのきびしい進路指導で対処されていると聞く。日本の大学事情を思い浮かべる。

**六月十日**（木）

ハサノブ在ニューヨーク・アゼルバイジャン大使より、アルメニア援助と同程度にアゼルバイジャン援助を増加してほしいとの陳情を受ける。公平を期すことの難しさ。

**六月十三日**（日）

夕、ストルテンベルグ事務総長代表と二時間余り協議。ユーゴスラビアや欧州各地を動きまわる同氏と会談時間をとるのが容易でないだけに、貴重な意見交換の機会となる。他方、ソマリアからは、モガディシオにおけるパキスタン国連軍兵士の大量殺《さつ》戮《りく》と、国連軍による掃討作戦のニュースが入り、また心配の種がふえる。人道援助関係者はすでにモガディシオから避難させられたとはいえ、国連がソマリア一般国民と対峙する図式となると、禍根を残すおそれも大きい。

**六月十四日**（月）

夜、世界人権会議出席のためウィーンに赴く。翌朝、旧友の韓《ハン》韓国外相と朝食を共にし、再会を楽しむ。ウィーンのスケジュールは過密ぎみ。まずオーストリア政府招待のノーベル平和賞受賞者（ＨＣＲは一九五四年と一九八一年に受賞）の会合に短時間立ち寄る。ダライ・ラマ師や、リゴベルタ・メンチュー女史等も出席。その後会場へ向かう。数百人の出席者で、本会議の取り運びは混乱の様子。翌日夕の私の発言予定も見通しがつかないとのことで、急遽《きゆうきよ》十六日の第一スピーカーへの入れ替えを交渉する。

**六月十五日**（火）

もっぱら面会にあてる。タジキスタン、キューバ、イエメン、ネパール、ノルウェー各国外相と、個別難民問題で協議。フランス人道相は最近訪問のジブチ状況を取り上げる。

**六月十六日**（水）

十時半、本会議でのステートメントを終え、飛行場へ直行。夜、在ジュネーブ国際機関長官を対象としたルーマニア大統領の晩餐会に出る。

**六月十七日**（木）

「ニューヨーク・タイムズ」紙のポール・ルイス記者取材。

**六月十八日**（金）

雑誌『正論』のため上坂冬子《かみさかふゆこ》氏取材。夕、新たに設けた政策研究ユニットの会合に出る。女性、児童、開発、環境担当の四人のコーディネーターによる政策討議とプログラム立案を目的とするもの。ユニットとして自立させるためには格段の努力が必要か。

**六月二十一日**（月）

八時十五分、ジマーマン米国国務省難民部長来訪。ユーゴ人道援助関係の財源問題を討議。十時十五分、アフリカ部長からソマリア・ケニア情勢のブリーフ。十時半、アラブ連盟メギィブ事務局長来訪。十一時、人事部長、十一時半、財務部長からそれぞれ人事、事務所移転問題のブリーフ。午後オスロへ出発。ノルウェー外務省とグローバル・ガバナンス委員会共催のシンポジウム出席。テーマは「共通の脅威に対する集団的対応」。私に期待されているのは、人道的分野における対応の問題提起。国連による紛争への取り組みが、国内紛争への対応、法秩序回復をめざした平和維持活動、さらに強制行動にまで転じつつある現在、人道的援助の規範と行動も新たな局面を迎えていると指摘。シンポジウム出席者は学者と実務経験者が約同数。

コソボ難民問題が、ノルウェーで政治問題化している折柄、マスコミの取材攻勢にあう。コソボからノルウェーへの入国者がすべて難民とは言えないが、状況を斟酌《しんしゃく》して寛大な対処を訴える。ヴァレモ内相と昼食。帰路ブルントラント首相を表敬。次々と女性閣僚に出会うと思ったら、内閣の半数以上が女性と聞く。

**六月二十三日**（水）

夜、帰寿。

**六月二十四日**（木）

カイロへ出発。

**六月二十五日**（金）

午前は、タロア市のハーバード大学国際問題センターで講演。

**六月二十八日**（月）

カイロのアフリカ統一機構首脳会議。アブジャ、ダカールに次ぐ三回目のオブザーバー出席だが、開会式の式次第やステートメントを聞くかぎり、実務的、建設的な雰囲気を感じる。ただし、セキュリティーはきわめて厳重、会場からホテルへ戻る車を確保するのに大苦労。夜はムバラク大統領主催、王宮庭園における晩餐会。星空の下、夜風が心地よい。食後の催しはエジプト音楽と舞踊。

**六月二十九日**（火）

会議第二日はもっぱら面談。難民問題を抱える国が多いため、エチオピア、スーダン、ケニア、アンゴラ、リベリアなど八カ国の大統領と三カ国の外相と協議、エリトリア大統領からも大きな注文を受ける。一日に多くの首脳と会談できるアフリカ統一機構サミットは生産的な場。難民の保護、救済、帰還とアフリカにおける事業は当分終わりそうもない。

**六月三十日**（水）

カイロ出発。サミットの帰路、ローマに立ち寄る。「金の鳩平和賞」を受ける。主催者アルキヴィオ・ディザルモ（軍縮・平和団体）は、旧ユーゴスラビア問題への貢献を選考基準とした由。正午、記者会見。五時、授与式。ローマを見下ろすビラ・マダマの壮大な会議室で、大統領、外務大臣その他各界指導者の見守る中で「金の鳩」を渡される。身の引きしまる思い。式後、コンサート、レセプションと続くが、ジュネーブ行きの最終便に間に合わせるため、残念ながら途中で退席。

**七月一日(木)**

会議が重なり、超多忙な日を過ごす。まず、事務所で打ち合わせを終え、十時半、旧ユーゴスラビア国際会議運営委員会(通称ロンドン会議)出席。オーエン、ストルテンベルグ両共同議長から和平交渉の現状が報告される。ボスニア・ヘルツェゴビナの地図を背に、オーエン氏はセルビア、クロアチア、ムスリム三民族間の戦闘状況を説明。クロアチア・ムスリム間の対立激化が、バンス・オーエン和平案を御破算にしたとして、戦果を加味した新たな線引きが不可避との見解を表明。人道援助の現状報告にあたって、私からは戦闘と政治的妨害に対応する困難と資金不足の窮状を説明。

四時半、旧ユーゴスラビア会議を中座して経済社会理事会へ。国連諸活動の調整についてのステートメントを行う。このところ、国連では調整論議が大はやり。クルド難民発生を契機に、大規模な緊急事態が続出する中で、人道問題部が設けられ、機構改革がはかられたが、問題は新たな仕組みの効果性。中央からの柔軟な調整と、現地における実施機関の対応能力の強化が、問題解決への鍵か。

五時半、ジュネーブ滞在中のブトロス＝ガリ事務総長と会談。最近のＨＣＲ諸事業を報告。とくに旧ソ連各国において進められている国連諸機関共通事務所の設置に加え、共通政策樹立の必要性を指摘。事務総長からは、さっそくブレイン・ストーミング会議をしようとのすばやい反応。自分で宿題を抱えこむ結果となる。

**七月二日**（金）

内部管理問題続出。スタフォード副高等弁務官が、アメリカ援助庁副長官に栄転のため、当面ワルツァー財務部長を副高等弁務官代行に任命。ベルティニ世界食糧計画事務局長と昼食。両機関の共同事業強化のための方策を協議。四時、世界銀行チョコシー副総裁来訪。昨年、ワシントンにプレストン総裁を訪問、支援を要請したことを契機に、協力関係が次第に具体化してきたことに力づけられる。

**七月五日**（月）

ジョリ・ユニセフ副事務局長、エリアソン人道問題担当事務次長、ソマルガ赤十字国際委員会総裁らと朝食。人道援助事業と政治・安全保障問題との関連が深まるにつれ、人道活動の原則をより鮮明にさせることで合意。ただちにワーキング・グループを設け、共同作業を進めることを決める。この日は終日、人道関係諸機関の調整会議。ソマリア、モザンビーク、旧ソ連邦諸国などにおける活動のレビュー。資金調達状況など。

**七月六日**（火）

夜、ＨＣＲと赤十字国際委員会の合同幹部会。政策討議と懇親をかねた昨年来の年中行事。戦争や内紛の犠牲者の保護を任務とする両機関の親密な協力関係は、世界中で広まる傾向。

**七月七日**（水）

来客続きの一日。九時、この秋創刊の『難民白書』の準備状況の説明を受ける。十一時、ＨＣＲモザンビーク新代表の赴任挨拶。同国への難民帰還準備が遅れがちなだけに、万全を期すよう要請。十一時半、スーダン難民担当カティム大臣来訪。エリトリア、エチオピアへの難民帰還を討議。難民流出が懸念される南部スーダン情勢について説明を求める。十二時、在ニューヨーク、ビータース代表。十二時半、モリス・プログラム部長。四時、ブナン・タイ国常駐代表。カンボジア情勢に関する同国の憂慮を伝達。四時半、アメリカ国務省ベネット国際機関局長とＮＡＴＯジョーズ将軍来訪。悪化するボスニア情勢への対応を討議。当面、アメリカに対し、東部ボスニアにあるムスリム集落地域への食料・医療のエア・ドロップス（空中からの援助物資投下）増加を要請。

**七月八日**（木）、**九日**（金）

夏の休暇季節をひかえ、ＨＣＲ各部長との個別協議にあてる。

**七月十二日**（月）

ロンドンでチョーカー援助庁長官と会談。イギリスはボスニア国連保護軍へ一大隊、ＨＣＲへトラックおよび運転手を派遣する重要な支援国。同女史との共同記者会見で、可能な限り人道援助を続ける決意を表明。十二時半、在ロンドン日本企業代表者を対象とした「時事トップセミナー」で、欧州における難民・移民など、大規模な人間の移動がもたらす経済・社会不安について話す。

**七月十三日**（火）

サセックス大学卒業式で、「難民問題と欧州への挑戦」と題し講演。名誉博士号を授与される。

ロンドン滞在中、ジュネーブ本部からは間断なく電話連絡。二週間以上、電気、水道が断ち切られたサラエボへの緊急訪問を決定。夜、ジュネーブへ戻る。

**七月十四日**（水）

朝七時、借り上げのセスナ機でスプリットへ向かう。フランス軍輸送機に乗りかえ、十時半、サラエボ着。土嚢《どのう》の積み上げられた空港内で、新任のブリックモン中将と会談。大統領府へ向かう。サラエボは晴天。思ったより市民が戸外に出ている。久々にイゼトベゴビッチ大統領らと会談。和平討議への参加を渋るとされる同氏は、会議不参加を否定しながらも、セルビア支配を容認することには反対と強調。表装された古典刺繍《ししゅう》を、HCRへ謝意として贈られる。

PTTビル（ボスニア国連軍および国連機関本部）で、国連軍やHCR職員と昼食。フランス革命記念日とあって、フランス軍のシャンパンのお裾分け。食後、コソボ病院を見舞う。極限状態にありながら、医療活動を続ける医師、スタッフの献身的プロフェッショナリズムに感動。外国での治療を待つ患者に、早期移動のため最善をつくすことを約束。続いて難民センター訪問。かつての一流ホテルは半壊のまま宿舎となっている。それでも住民は歓迎を表明。小さな花束まで贈られる。

飛行場で記者会見。質問は二点に集中。HCRは、現状に見切りをつけてボスニアから撤退するのか。国連軍は、援助物資の輸送確保のため軍事手段を行使すべきではないか。前者は否定。後者については、軍事力の行使によって一、二回トラック輸送が可能となったとしても、市民の信頼を裏切らないためには慎重にならざるを得ないと返答。

夜、再びスプリット経由でジュネーブへ戻る。脳裏に浮かぶのはソマリア情勢。

**七月十六日**（金）

HCR招集の旧ユーゴスラビア人道援助会議。昨年七月二十九日に次ぐ二度目のハイレベル会議。参加三十五カ国以上。国際機関約十五。オーエン、ストルテンベルグ両議長、WHO中島宏事務局長、赤十字国際委員会ソマルガ総裁らが壇上に並ぶ。戦闘と政治妨害。底をつく資金事情。増加する難民・避難民。きびしい職員の安全確保。困難な援助活動の現状を訴える。その日の拠出表明総額、一億二千六百五十四万ドル。HCR分六千三百万ドル。なんとか十月末までの目処がつく。難民の受け入れ、冬越し準備のための援助国グループの結成も決定。このうえは、早急な和平の成立を念じるのみ。

夕刻、会議後の記者会見で、「やはり今日は良い日であった」と括る。

**七月二十七日**（火）

来月一日から三週間、はじめての帰国休暇。国連では二年に一度、自国へもどって休暇をとる制度があるが、この場合、自国で最小限十三泊は過ごさなければならず、帰国休暇後六カ月は国連勤務を果たさなければならない。ところが、帰国休暇の往路、ミャンマーへ立ち寄ることとなり、本日、ジュネーブ出発。

ミャンマー難民の帰還は、昨春来の懸案。とくに本年五月バングラデシュを訪問して以来、難民およびバングラデシュ政府の期待が高まっているだけに、なんとか現状打開をはからなければならない。二カ月にわたる周到な話し合いが実って、ミャンマー外相ウ・オン・ジョウから個人の資格での招待を受け、訪問決定。難民帰還地域に国連、あるいはHCRの職員派遣が可能となるか。成否不明のまま出かける。

**七月二十八日**（水）

午後ヤンゴン空港着。外相ら外務省関係者、田島高志大使、国連開発計画（UNDP）代表、先発したHCR職員らの歓迎を受ける。三年半ぶりのヤンゴンは、驟雨《しゅうう》のあとの緑に輝いていた。国連人権ラポルトゥール（特別報告者）として訪問したときと同じゲスト・ハウスに赴く。顔見知りの使用人と再会。この宿舎のこの部屋で、ストルテンベルグ前高等弁務官の突然の辞任のニュースを他人事のように聞いたことを思い出す。

夜、外相主催歓迎ディナー。

**七月二十九日**（木）

朝九時、軍事政権の最高実力者、キム・ニュント将軍を表敬。同氏より二度のミャンマー来訪を友情の証と見るとの歓迎の意向が示され、国民会議による制憲準備の進展、市場経済への移行プロセス、辺境地域の開発状況についての説明を受ける。さらに、UNDPの辺境開発への協力にふれ、この枠組みの中でHCRがヤカイン州への難民帰還を行うことを認めると発言。当方は、難民の帰還と定住をはかるための調査ミッションを、八月中に派遣したいと申し入れる。将軍は詳細の検討を約束し、われわれ一行をミャンマー国内観光に送り出す。

個人の資格での招待を受けたときから、二日間の観光が計画されていた。特別機で十一時十五分マンダレー着。ただちにマンダレー丘の上の寺院へ向かう。ただし数百段の石段は上らず、自動車とエレベーターを利用。広大な旧王宮の遺跡、建築中の工科大学訪問後、飛行場へ向かう。四十五分でパガン着。この日のハイライトはタッ・ビン・ニュー寺院から眺める夕陽。あいにく雲にさまたげられたが、眼下に広がる二千以上の仏塔と寺院の荘厳な静けさは、すべての世界を忘れさせる。

**七月三十日**（金）

七時半出発。博物館、寺院を回ってヘーホーへ。インレー湖へ向かう。湖畔の村人の交通はすべて船。船尾に立って片足で櫓《ろ》を漕ぐのが特色と聞いたが、「ダイハツ」の輸入でモーター・ボートが主流。湖を横切ってファン・ドゥ・ウ寺院を詣でる。山上のタウンジーで一泊。

夕食後、シャン州の民謡と音楽の歓待を受ける。

**七月三十一日（土）**

七時半出発。タウンジー大学訪問。入口で学長から、「よくいらっしゃいました」と日本語で挨拶され、ちょっと驚く。京大で物理を学んだとか。同大には日本で学位をとった教授が四人。日本の教育関係機関から、引き続き何かの支援でもあるのであろうか。教育や研究面の交流・援助には最大限の努力を望むこととしきり。

九時、ヘーホー発。十時半ヤンゴン着。ゲスト・ハウスで大急ぎ荷物をまとめ、昼食会へ。ウ・オン・ジョウ外相より、HCR調査ミッションの受け入れ、ヤカイン州における難民帰還の実施に同意する意向が伝えられる。二日間、外界からの音信を断って観光に専念した後の朗報だけに、晴々しい思い。再び外相らに見送られヤンゴン発、バンコクへ。

バンコク乗りかえの四時間（実質的には三時間）、休暇前の最後の仕事。ジュネーブとの電話連絡。補佐官予定者二名の面接。空港ホテルの食堂で、ダッカから合流したグエン・タンHCR代表を交えた、ミャンマー難民帰還の打ち合わせ。出発時間がせまり、私は一足先に帰国の途へ。

**八月一日（日）**

午前六時、成田着。ただちに自宅へ向かう。すべてのスケジュールを断って休養を決め込む。

**八月三日**（火）

例外的に駐日事務所プリム所長の送別の昼食。

**八月七日**（土）

軽井沢へ。休暇中はもっぱら、読書、散歩、テニス、家事と家族団欒《だんらん》。時折、友人と食事を共にする。

ジュネーブからは、留守居の副高等弁務官によるその日の出来事の報告、主要な来往電の要約のファックスが送られる。時差の関係で夜になると届く。必要に応じ、ファックスや電話で応答。ちょっと仕事にもどった雰囲気。

大きく悪化したのはアゼルバイジャン。アルメニア軍の南下で、新たに十万人の避難民が出た模様。避難民の一部がイランへ越境するか。イランがどう対応するか。気になるところだが、戦闘にさまたげられ、スタッフは現地に行きつけない。要員の強化、緊急援助物資の輸送。アゼルバイジャンとイランの両側から国境へ向けて準備が進められる。

**八月十五日**（日）

未明、ファックスの来信に気づく。十四日午前、中部ボスニア、ビテス市周辺でHCR明示の防弾車が被弾、運転中の職員の殉職を伝えるもの。現場はクロアチア勢力とイスラム勢力間のフロントライン。翌日予定された援助物資輸送の打ち合わせに赴く途中の攻撃との報告。ただちに調査を英国部隊に依頼するも、当面、現場地域は避けるようにと指令ずみの由。戦乱地で人道援助を続ける苦渋に、いつまで耐えられるのか。ジュネーブ和平交渉は中断のまま。

悪いことは重なるもの。夜のファックスは、英国「サンデー・タイムズ」紙の国連腐敗暴露記事、とくにHCR資材調達課長の不正を伝える。記事そのものはかなりセンセーショナル。事実の記載にも不正確さが目立つが、HCR関連部分が事実とすれば、きわめて遺憾。財務部長がただちに事実調査を開始。難民保護・救済事業は、信用が至上であるだけに、万全の策をとるよう指示。

**八月十七日**（火）

雨続きの軽井沢から帰京。

**八月十九日**（木）

外務省斎藤邦彦事務次官、東祥三政務次官、須藤隆也中近東アフリカ局長、高野幸二郎政策局国際社会協力部長らを表敬、会談。柳井俊二総合外交政策局長らと昼食。外務省は機構改革と人事異動で大幅な変化。難民問題の支援を依頼するとともに、当方より最近の動向をブリーフ。三時、平岩外四経団連会長表敬。三時半から五時、難民救済民間基金日本支援委員会で講演。盛田昭夫委員長以下、約八十人の熱心な支援者を前に難民の状況を説明。基金の用途についても報告。

**八月二十日**（金）

十一時、羽田孜《はたつとむ》外相、二時、細川護熙《もりひろ》首相表敬。両大臣から、激励の言葉を受ける。総理からは難民発生の地域別状況と原因について、多くの質問を受ける。日本政府からの多大な支援を謝するとともに、引き続き協力をお願いする。就任早々、総理が国連総会出席を決定されたのは、国連職員として心強い。引き続き外務省の渋谷治彦国際情報局長、平林博経済協力局長と会談。

**八月二十二日**（日）

十二時、成田発ミュンヘン経由でジュネーブ帰任。

**八月二十三日**（月）

九時半出勤。終日、ワルツァー副高等弁務官らからブリーフ。「サンデー・タイムズ」紙の件では、内部調査の結果、一応事実無根と聞いてホッとする。五時、新ユーゴ経済大臣来訪。国連制裁が難民、一般市民に与える深刻な影響について陳情。経済制裁は、弱い人を苦しめる。

**八月二十五日**（水）

今日から二十七日まで、ユーゴスラビア援助活動ワークショップ。当初から活動に参加した職員約二十五名が、多面的な分析と評価を試みる。結論として、前途の見通しは暗い。

**八月二十六日**（木）

二カ月ぶりにモスタルへ到着した輸送隊が、積荷を降ろした後、住民に阻まれ立ち往生。トラック総数二十七台。装甲車十三台。国連保護軍を含め、国連要員百六十三名がいわば人質状態。しかも周囲には砲弾も落下。

**八月二十七日**（金）

夜八時五十分、ウィーンに向かう。

**八月二十八日**（土）

国連保護軍視察帰路のアナン事務次長（平和維持活動担当）、ストルテンベルグ事務総長代表（ユーゴスラビア担当）と朝八時、空港ホテルで簡単な朝食会。モスタル事件に対応しながら、中部ボスニア情勢への対応、国連軍とＨＣＲの役割分担、輸送安全対策などを協議。午後ストルテンベルグ事務総長代表と、国連軍の小型機に便乗してジュネーブへ。

夕刻、モスタル輸送隊の中、HCRなど、非軍事要員が移動を認められ、無事に戻ったと聞いてホッとする。

**八月三十日**（月）

スイス政府主催、「戦争犠牲者の保護に関する国際会議」。

**八月三十一日**（火）

午前、ステートメントを行う。人道法の原則、規定が蹂躙《じゅうりん》され、人道活動が政治・軍事目的に利用される現状を強く非難。会議出席のため来寿したグラニッチ・クロアチア外相、ジマーマン米国務省難民部長、エリアソン国連事務次長（人道問題担当）、スリン・ピッスワン・タイ外務次官などが来訪。

**九月二日**（木）

九時、四カ月ぶりにフランス語レッスン再開。「ル・モンド」などを教材とした会話。中断続きで、進歩はもどかしい。十一時、幹部会。一時、新駐日代表と昼食。二時半、ヨーロッパ局長との協議。グローベル・ジュネーブ市会議長主催の夕食会へ。

**九月三日**（金）

十一時三十分、ハミルトン・フィシ米下院議員、アフリカ難民視察の帰路立ち寄る。

**九月六日**（月）

十一時、オーストラリア移民・民族問題担当ボルカス大臣。最近改正の同国移民法の趣旨説明。

**九月七日**（火）

米国会計検査院（General Accounting Office）一行。援助資金用途の議会報告のため、HCR各部から数日間にわたり聴取を行いたい由。夕刻、国連ボランティア計画（UNV）事務所作成のビデオ試写会出席。

**九月八日**（水）

終日、部内各種打ち合わせ。

**九月九日**（木）、**十日**（金）

ジュネーブ市の休暇のため、長いくつろぎの週末となる。

**九月十三日**（月）

ユーゴスラビア関係打ち合わせ、駐リベリアHCR代表の帰国報告。カンボジアで殉職した中田厚仁UNボランティアの尊父来訪。二時、飛行場へ直行。イラン、パキスタン、アフガニスタン三国訪問へ出発。目的は、アフガン難民問題に国際社会の関心を向け、帰還の促進をはかること。

フランクフルト空港二時間の待ち時間。ホワイトハウスにおけるパレスチナ自治合意調印式典のテレビ放映に居合わせ、幸い。歴史の大きな転換に深い感銘。

**九月十四日**（火）

テヘラン到着は午前一時。ザリーフ外務次官の出迎えを受け、宿舎へ。午前九時、HCR事務所で職員と懇談。十一時、ベラヤティ外相、二時、ベシャラティ内相。二百万以上のアフガン難民、十万以上のクルド難民、そのうえ、隣接するアゼルバイジャンの戦禍で何十万の難民が流入しかねないイランは、いまや世界第一の難民受け入れ国。アゼルバイジャン国内に避難民キャンプをイランが設置することとなり、協力要請を受けて、アゼルバイジャンとイランの両側から国境付近へ緊急援助を行うことに合意。ジュネーブ、ニューヨークとあわただしい連絡。

**九月十五日**（水）

六時三十分ホテル出発。ホラサン州都マシュハドへ。さらに軍用ヘリコプターでイラン・アフガニスタン国境、ドガルーンへ。難民帰還受付事務所を視察。帰還者一人あたり二十五ドルの交通費と三百キロ（三カ月分）の小麦が支給される。手続きをすませた帰還者は、小型トラックで国境を越える。国境地域は、家財道具、農機具などの大商店街。アフガン側の住宅、保健衛生などのインフラ整備を急ぐよう要請される。七時、テヘランへ戻り、レセプションへ。

**九月十六日**（木）
十時、ラフサンジャニ大統領を表敬。官邸から古都エスファハーンへ向かう。同市から二十三台のバスに乗り込み、昨日視察したドガルーンへ向かう帰還難民を見送る。家がどうなったか、仕事があるかと、難民は喜びと不安の複雑な表情。この春、タイでカンボジア帰還難民を見送ったことを思い出す。夜、HCR代表の自宅へ招かれたところ、どこから伝え聞いたのか私の誕生祝い。テヘランの夜空のもと、バースデー・ケーキを切る。

**九月十七日**（金）
カラチ経由、イスラマバードへ。

**九月十八日**（土）
外務省、難民担当関係者と協議。久々に飛行機に乗らない一日。

**九月十九日**（日）
八時、ヘリコプターでペシャワールへ。ナシルパッハ・キャンプ訪問。パキスタンからは、昨年百二十万のアフガン難民が帰ったが、住民が数多く立ち去ったキャンプには不思議な静寂がただよう。難民代表者との会合。立派なあごひげの家長ばかり。HCRは、残留者が帰りきるまで面倒は見るとしつつも、国際社会は永遠にはキャンプ生活のための資金を提供しまいとも警告。

キャンプ内の診療所と女子校へ立ち寄る。女子就学率はもともときわめて低い。それでも、英語の授業を参観し、「将来何になりたいか」と問いかけたところ、中学生から「医者かエンジニア」と答えられ、力づけられる。難民の住居も訪れる。女性中心の住居に足を踏み入れたのは、歴代高等弁務官で私が初めて。伝統と因習の強さを思い知らされる。ちなみに、この旅行中、私もスカーフで頭だけは覆う。

**九月二十日**（月）

国連の小型飛行機でアフガニスタンへ。首都のカブールへの日帰り旅行。ラバニ大統領、副総理、外務次官、難民帰還大臣と、在カブール主要政府関係者と協議。イラン、パキスタンにいるアフガン難民の帰還実現に努力することを約束すると同時に、一日も早い治安の回復を訴える。HCR事務所は三分の一が被弾。それでも留守居の現地職員の温かい歓待を受ける。

この日、カブールでは砲声も聞こえず、破壊された市街には市場も立っていた。国連職員は、イスラマバードへ撤退していたが、ようやく戻り始めたところ。外務省迎賓館で、昼食に招かれる。食堂に隣接した大会議室は破壊されたまま。カブールはともかく、アフガニスタン内の比較的安定したイラン・パキスタン隣接地域に、帰還可能な状況をつくり出すのが当面の課題か。

**九月二十一日**（火）

午前、パキスタン大統領のヒラーレ・パキスタン賞授与の式典へ。長年、HCRがアフガン難民を支援した功績が認められたもの。ところが同時刻、HCRイスラマバード事務所には、クルド難民百名余りが押しかけ投石騒ぎ。欧米への定住に固執する人々が、私の訪問に合わせて暴力沙汰を起こした模様。数百万のアフガン難民に対応できても、千人余りのクルド難民の処遇が解決できない難民問題のむずかしさ。

**九月二十二日**（水）

八時、国連の小型機でイスラマバード発、クエタへ向かう。バルチスタン州知事表敬。HCR事務所で職員と懇談した後、カラチへ。一時四十分、カラチ空港着。ルフトハンザの巨大なエア・バスの隣接フィンガーに、国連ビーチクラフト機が着陸。あまりの手際よさに喝采。二時、カラチ発。フランクフルト経由でジュネーブへ帰る。まさに充実の九日間。

**九月三十日**（木）

十月と十一月は会議の季節。十月四日から始まる年一度のＨＣＲ執行委員会を前に、本日、国際保護小委員会。

**十月一日**（金）

行財政小委員会。さらに同時並行的にＮＧＯ会議が開かれる。私の役目は各会議の冒頭挨拶。

**十月四日**（月）

十時、パレ・デ・ナシオン（欧州国連本部）の会場は、続々と集まる各国代表で活気づく。とくに、タイ、スーダン、ケニア、マラウイ、バングラデシュ、イラン、パキスタンなど、難民受け入れ国からは、内務省、難民省の代表者を含めた大代表団。先日訪問したアフガニスタンの難民担当大臣も、大きなターバンを頭に巻いて出席。新議長にオランダのボーデンス・ホサング大使を選出して議事開始。私の報告は、過去一年の世界難民状況、ＨＣＲの難民対策、行財政の現状など、かなり総花的。

第一スピーカーは、アメリカ国務省ワース次官補。難民保護を人口移動とからめ、アメリカの支援を約束するとともに、難民女性と児童保護の必要性を強調。続いて、欧州共同体十二カ国を代表してベルギー、カンボジア難民の帰国を果たしたタイ、さらに中国、日本が午前中に発言。昼食後も各国代表団の一般演説が続く。

六時、会議打ち切り。六時十五分、執行委員会議長と共催で、各国代表団を招いてのレセプション。初日のレセプションは、顔合わせと意見交換にきわめて有益。

**十月五日**（火）

八時四十五分、幹部会。執行委員会期間中、幹部は毎朝三十分を打ち合わせにあてる。九時十五分、モーリタニア。九時三十分、イラン。九時四十五分、カナダと各代表の表敬。終日、一般演説。この間、壇上から動くことはできない。

**十月六日**（水）

九時十五分、パキスタン。九時三十分、アメリカ。昼食時も、ロシア共和国、メキシコ、スワジランド、イギリス各代表と面会。

**十月七日**（木）

九時半、ウガンダ、九時四十五分、モザンビーク。午後の会議がなくなったため、二時半から、ハンガリー、アルメニア、ブルンジ、エチオピア、マラウイ、アフガニスタン、バングラデシュ各国代表の訪問を受ける。私が大臣レベルの代表に対応、副高等弁務官が他の人々との会見をとりしきるとの分担。その間、各地域局も、代表団との協議や接待に大童《おおわらわ》。

**十月八日**（金）

執行委員会報告採択。ラポルトゥールと事務局、その他代表団による連日の深夜作業の成果が、執行委員会「結論」として合意される。ヨーロッパにおける庇護要請をめぐる「結論」が、最後まで難航。さらに、難民に加え、激増する国内避難民に対する保護と援助を、どこまでＨＣＲに委任するかについても、かなりの論議。

午後三時、旧ユーゴスラビア人道援助会議。執行委員会のため各国代表がジュネーブに集まった機会を捉え、援助の現状を報告すると同時に、十月から来年六月末までの拠出アピールを出す。ＨＣＲの総額は二億八千八百万ドル。資金が集まるか、心配。

**十月十一日**（月）

在パリ各紙論説記者十名との懇談のための日帰り旅行。『ル・ポワン』誌主筆クロード・アンベール氏の自宅でワーキング・ランチ。質問の焦点は、ユーゴスラビア人道援助、移民と難民を主としたヨーロッパ諸国の外国人対策など。私にとっても有益な討議。

**十月十二日**（火）

十時から二時間、アメリカ局との協議。来年度の予算編成をひかえ、各地域局が想定するプログラムを作成するのがねらい。本来なら、南米のプログラムをかなり削減し、駐ブラジル事務所も閉鎖を考えていたが、アンゴラ難民がブラジルに飛来する由。交通手段の発達は、隣接地域の実態を大きく変える。

五時半、ナンセン賞授与式とレセプション。本年度は、「国境なき医師団」(メデサン・サン・フロンティエ)が選ばれる。HCRにとっては、多くの現場で信頼できるよきパートナー。

**十月十三日**(水)

十二時半、ジュネーブ外交クラブで講演。四時から六時、アジア局長予算協議。

**十月十四日**(木)

三時、計画実施支援部全員約百四十名との会合。予算、技術、緊急援助を網羅する最大部局。四時から六時、ヨーロッパ局との予算協議。

**十月十五日**(金)

十一時、来年度予算に関する幹部会。三時半、ニュージーランド大使来訪。国連総会に提出される国連職員の安全確保に関する決議案の説明とコメント要請。四時、ペルテロ新ヨーロッパ経済委員会事務局長の表敬。四時半、チェティー・アジア部副部長の来日報告。六時、バカロー人事部長の送別会。

**十月十八日**（月）
中東部の予算協議。
**十月十九日**（火）、**二十日**（水）
二日間にわたる膨大なアフリカ局の予算と事業討議。同局の再編成を含め、アフリカ難民対策は問題山積。一時、欧州共同体十二カ国大使とのワーキング・ランチ。ここでも、ユーゴ問題に討議は集中。
**十月二十一日**（木）
アメリカ出張。ケネディ空港からプリンストン大学へ直行する。
**十月二十二日**（金）、**二十三日**（土）
二日間にわたるシンポジウムを、国際平和アカデミーと共催。テーマとした「紛争と人道活動」が関心を呼んだのか、外交団、学会、国連関係者、マスコミの出席者多数。HCRからは、カンボジアとユーゴスラビアの人道活動を報告。平和維持活動との協力と対立関係など、各部会においてもオープンな激論が展開。人道活動と政治・軍事活動との接触が増えるだけに、参加者からシンポジウムの企画に高い評価。
**十月二十四日**（日）
紅葉のプリンストン大学のキャンパスを楽しんだ後、シカゴへ。

**十月二十五日**（月）

シカゴ大学法学部で講義。

**十月二十六日**（火）

十時、シカゴ市難民・移民支援関係者と懇談。十二時半、シカゴ外交評議会で講演、ニューヨークへ向かう。

**十月二十七日**（水）

九時、エリアソン人道問題担当事務次長訪問。十一時から終日、人道問題関係機関常設委員会。六時、ブトロス＝ガリ事務総長と国連諸機関長との非公式な意見交換。八時半、国連開発計画と国連難民高等弁務官との合同ワーキング・ディナー。緊急事態から復興、開発過程において、両機関が果たす役割を、中米、カンボジア、アフガニスタン、ミャンマーなどを対象に検討。

**十月二十八日**（木）

カーネギー・コーポレーション、ハンバーグ理事長と朝食。旧ソ連研究者とのネットワークおよびＨＣＲの研究強化について協議。十時、国連諸機関長会議たる行政調整委員会（ＡＣＣ）。新しい開発援助アジェンダ、援助資金の見通しなどが中心議題。夕食をグラント・ユニセフ事務局長夫妻と共にする。

**十月二十九日**（金）

前日に引き続きACC。三時、CNNインタビュー。四時半、総会議長表敬。

**十一月一日**（月）

九時、新任の高須幸雄国連行政管理局財務官訪問。十一時、拠出国代表で構成される人道活動ワーキング・グループに出席。HCR活動を報告。波多野敬雄《よしお》国連大使主催、ソマルガ国際赤十字委員会総裁のための昼食会に出席。五時、中国代表訪問。

**十一月二日**（火）

十一時、国際婦人フォーラムで講演。三時、イギリス代表訪問。四時四十五分、ブトロス＝ガリ事務総長と協議。八時、事務総長司会のユーゴスラビア・タスク・フォース出席。

**十一月三日**（水）

フォード財団トマス理事長と朝食。十時、ガラカン事務総長顧問。三時、アメリカ代表訪問。

**十一月四日**（木）

十時、総会本会議。満場一致で難民高等弁務官の再任を決定。あまりにも長い五年の任期。その間、多少とも難民を減少させ、HCRを縮小させることができるであろうか。三時、総会第三委員会で難民高等弁務官の本年度事業を報告。祝辞の一日。

**十一月九日**（火）

四日以来、国連総会第三委員会は難民高等弁務官報告を討議。六十カ国以上が発言。おおむね積極的な支持表明。初の『難民白書』公表。十一時、国連本部記者会見室は超満員。趣旨説明の後は質問攻め。難民の動向からボスニア援助まで幅広い関心。十二時、国連を出発してワシントンへ。同市でも『白書』を発表。カーネギー財団会議室では主として各紙のコラム担当者を対象に質疑応答。

四時三十分、シャララ保健長官を訪ね、協力関係樹立の合意書を交換。緊急の際、アメリカ保健省が医療要員をHCRに派遣するというもの。続いて、国務省でワース次官補、ホワイトハウスではバーガー補佐官を中心に、ボスニアとハイチ問題を協議。

**十一月十日**（水）

三週間のアメリカ出張を終え、ジュネーブへ帰る。機中、塚本哲也著『エリザベート』を読みふける。

**十一月十一日**（木）

早朝、ジュネーブ到着。午前中休息の後、高垣佑《たすく》東京銀行頭取一行の昼食会に出席。四時、ＨＣＲ幹部会。アメリカ出張を報告。各部長からも緊急案件の提起。六時、旧ユーゴスラビアに関する部内協議。十月二十五日以来中断されている中部ボスニアへの輸送を開始するためにも、ボスニア三勢力のリーダーをジュネーブへ招集することを決める。会議招集日を一週間後の十八日と決め、準備に入る。この時期、果たして彼らが招集に応じるか。また一堂に会するかは不明。しかしながら、和平交渉が断絶し、援助物資が配布されない現状は、彼らにとっても不利であると判断。

**十一月十二日**（金）

十一時、ゴードン・サマーズ国連事務総長リベリア特別代表来訪。一時三十分、ＨＣＲ職員総会。五百名以上の出席者に対し、ＨＣＲ執行委員会、国連総会その他最近の主な動向を説明。四時、トーゴ外務大臣来訪。同国からベナン、ガーナへ逃れた難民の帰国受け入れ用意が表明される。

**十一月十五日**（月）

週末をゆっくり休み、元気回復。十一時、「ル・モンド」紙のインタビュー。十二時、旧ユーゴスラビア部内会議。ＨＣＲ執行委員会の歴代委員長を昼食に招待。四時、人事部長、同次長と人事問題を協議。

**十一月十六日**（火）

十時十五分、昇進・任命・配置を勧告する委員会（Appointment, Promotion and Placement Board）の開始にあたり、委員一同に対し、公平と効率を目指して選考にあたるよう訓示。もともと、人事行政を合議体でとり決める難しさは自明。とくに組織が拡大した現状では、いっそう限界が目立つ。委員は、幹部と職員組合から選出されるが、人選をめぐって長時間に及ぶ交渉が、本年も続けられた模様。十時四十五分、旧ユーゴスラビア部内協議。三時、ドイツ連邦法務大臣、四時十五分、スイス大使来訪。五時、BBCのインタビュー。六時、ブルンジに関する部内協議。

**十一月十七日**（水）

午前、スピーゲル米国大使、パビチェビッチ・ユーゴスラビア大使来訪。三時、帰寿中のピイエロ駐タジキスタン代表の近況報告。四時から明日にひかえたボスニア会議の準備。

**十一月十八日**（木）

パレ・デ・ナシオン（国連欧州本部）は、久々にボスニア三勢力代表団を迎えるため厳重警戒。待ちかまえた報道陣に、「ミセス・オガタ、あなたはこの会議にオプチミスチックか」と聞かれ、「多少オプチミストでなければ、こんな仕事はできない」

と投げ返す。十一時過ぎ、各代表団が到着。シライジッチ・ボスニア政府首相に代表されるイスラム教徒勢力、カラジッチ・セルビア人勢力代表、ボバン・クロアチア人勢力代表の三者は、それぞれ軍の最高幹部を率いて会議室に集まる。

国連事務総長のメッセージを読み上げ、会議招集の趣旨説明を行う。用意した共同宣言案を配布して休会。議場外の個別交渉に移る。宣言案の重点は二つ。

第一、人道援助物資の輸送ルート沿いの戦闘を停止し、全面的アクセスを保障する。

第二、人道援助物資の内容決定はHCRおよび赤十字国際委員会側が行い、冬越しに必要な物資や燃料の補給を認める。

とくに第二点をめぐって交渉は紛糾。ついに三勢力の代表レベル非公式会合で合意成立。共同宣言の調印に漕ぎつける。会議終了後、ただちに記者会見。オーエン・ユーゴスラビア和平会議共同議長に経過説明。ニューヨーク滞在中のストルテンベルグ事務総長特別代表に、中断中の人道援助輸送の再開を勧告。会議の趣旨は達成したが、果たして約束どおり三勢力が動くか。当分プレッシャーをかけ続けるのみ。

**十一月十九日**（金）

十時、在ケニアUNDP代表。ソマリア人道援助を討議。十時三十分、HCR在モスクワ代表。十一時三十分、スピーゲル（ジュネーブ国際機関）、レドマン（ユーゴスラビア）両米国大使来訪。三時、旧ユーゴスラビア人道問題会議招集。前日のボスニア会議の経過報告と各国に対する追加拠出の要請。事実、旧ユーゴスラビア人道援助資金は、残すところ数日間をカバーするのみ。

夜、スイスIBM招待のロッシーニ「シンデレラ」を夫と楽しむ。

**十一月二十二日**（月）

ボスニア支援空軍基地訪問のため九時三十分ジュネーブ発。まずイタリアのアンコナ基地へ向かう。サラエボ空輸の中継地。イタリア政府関係者、軍関係者、アンコナ市代表者による盛大な歓迎。在ナポリNATO南部司令部米軍司令官ブルダ海軍大将が合流。昼食後、米海軍機でドイツのライン・マイン基地へ向かう。

空中投下のブリーフィングを受けた後、ダンボール箱へ投下物資を積み込む作業を見学。投下用に開発された「人道食」を試食。投下物資に加えられたクリスマス・プレゼント用の熊のぬいぐるみが、報道陣の間では賛否両様の話題を生んでいる。

**十一月二十三日**（火）

十一時、三時、副高等弁務官候補者の面接。この人選は、私の再任決定にともなう最重要案件。ヨーロッパ諸国から複数の候補者が出されている。

**十一月二十四日**（水）

一時と三時、面接。

**十一月二十五日**（木）

三時、面接。

**十一月二十六日**（金）

六時、人事部長、官房長を交え、最終決定を諮る。結局、外部からの候補者ではなく、現在、副高等弁務官代行を務めるジェラルド・ワルツァー任命を決める。ただちに、本人に諮ったうえ、事務総長その他関係者への通知手順を打ち合わせる。HCR事務所創設以来、初めて部内出身者の副高等弁務官（事務次長補）が実現する。

この時期、グルジア代表団（二十四日、十二時）、タジキスタン代表団（二十五日、四時三十分）、マリ、アルジェリア代表団（二十五日、五時三十分）と来客しきり。新任の長﨑輝章外務省難民支援室長来訪（二十六日、三時三十分）。読売新聞岡田滋行特派員（二十四日、四時三十分）、朝日新聞二村克彦特派員も、再任の抱負など取材。

**十一月二十九日**（月）

十一時、欧州連合（EU）主催のボスニア会議。パレ・デ・ナシオンに欧州十二カ国外相、ボスニア三勢力代表、その他ロンドン会議参加国代表が出席。私は十八日以来、ようやく動き出した人道援助物資の輸送状況を報告。ボスニア和平会議ジュネーブ再開が合意される。夕刻六時、本年HCR定年退職者のための慰労会。

**十一月三十日**（火）

十時、HCR前ドイツ代表によるドイツ情勢のブリーフ。十一時三十分、幹部会。二時、スピーゲル、レドマン、ヤコビッチ（ボスニア）三米国大使来訪。アメリカの対旧ユーゴスラビア人道援助プログラムを協議。空中投下と燃料補給。果たしてこの冬が乗り越えられるか。旧ユーゴスラビア問題で振り回された一カ月が終わる。

**十二月六日**（月）

ヨーロッパ諸国の最大関心事である旧ユーゴスラビア問題も、日本では「遠い彼方の複雑な民族対立」として、あまり注目されていなかった。ところが、国連事務総長が、明石康氏を旧ユーゴスラビア特別代表に任命したことから、突如、注目されはじめたようだ。

五時、現地入りを前にジュネーブへ立ち寄った明石氏を交え、ストルテンベルグ旧ユーゴスラビア特別代表、グールディング政治問題担当事務次長らと協議。厳しい人道援助の状況を説明。国連保護軍による空爆を含めた応戦がとられた場合のHCRの輸送活動へ与える影響を検討。一同、夕食も共にする。一月一日から、国連は和平交渉はストルテンベルグ氏、現地指揮は明石氏の二頭体制。ＨＣＲは、両者とも密接な連携を保ちながら、引き続き人道援助を遂行する。

**十二月七日**（火）

明石氏と朝食。九時、フランス語。九時三十分、副高等弁務官、官房長と毎朝の打ち合わせ会議。十時三十分、シミチ・ユーゴスラビア副首相。国連による制裁が与える傷病者や弱者への苦難を強調し、早急な同国訪問を要請される。十一時、イブラヒム・オマー新エチオピア大使の着任挨拶。三時三十分、ブアキラ・アフリカ部長によるエチオピア、ケニア出張報告とブルンジ情勢ブリーフ。

**十二月八日**（水）

十一時、副高等弁務官、官房長、人事部長らと人事問題を討議。一時、フォア広報課長と昼食。三時、めったにない行事。スウェーデンのサーブ社から、ＨＣＲへ黒塗りサーブ９０００の寄贈。経費節減のため、現在使用のランチアの買い替えを延ばしていたところへ有難い申し出。玄関前で新車と並んで記念撮影。四時、三田村秀人顧問と日本、韓国訪問の打ち合わせ。八時五分、ロンドンへ出発。

**十二月九日**（木）

九時三十分、十六カ国政府（難民と移民に関する）非公式会議で開会講演。一九八五年来、西ヨーロッパ諸国、アメリカ、カナダ、オーストラリアの外務省および出入国関係省庁の担当者を中心とした会議。各国とも、入国管理を厳しくしていく一方、難民保護は遵守するとの建前から、HCRとの協力を必要としている。

二時、外務省にハード外相を訪問。イギリスの支援に謝意を表し、ボスニア情勢、南部アフリカ情勢、ミャンマー難民帰還計画などをブリーフ。HCRロンドン事務所に立ち寄った後、ヒースロー空港へ。六時五十分出発、帰路につく。

**十二月十日**（金）

十時十五分、ジェセン・ピーターセン渉外部長より、世界銀行からの資金確保交渉の経緯報告。十時三十分、内藤昌平公使の赴任挨拶。十一時十五分、「ユーロピアン」紙の取材。十二時、BBCラジオの取材。

十二時三十分、ピエール・オリエ君の葬儀ミサ。オリエ君は二十七歳。モスタル、スレブレニツァとボスニア紛争の最前線で活躍した後、ようやくスコピエ（マケドニア）へ転勤、やや平静な勤務地へ移ったばかり。十一月二十一日、ジュネーブからスコピエへ向かったマケドニア航空機墜落事故の犠牲となった。前線から両親へ綴《つづ》られた手紙が読み上げられ、涙をさそう。私の手許にあった同君からのスレブレニツァ報告電を両親に送る。

三時、HCRにおける女性の勤務状況に関する作業グループ報告。多少の改善が見られたとはいえ、採用、昇進ともまだまだ問題が多い。とくに、厳しい勤務地への転勤をどのように配慮するかは継続課題。四時四十五分、ベナンダー・モザンビーク人道援助調査官。五時三十分、ブアキラ・アフリカ部長。六時三十分、南ア代表部主催、デクラーク、マンデラ両氏のノーベル平和賞受賞レセプションへ。

**十二月十二日**（日）

六時二十五分、ジュネーブ発、ブリュッセルへ向かう。

**十二月十三日**（月）

十時三十分、アルベール二世国王謁見。国王は、ブルンジ難民状況、ボスニア情勢、国連人道援助体制の三点につき御下問。

十一時四十五分、EU本部にて、マリン人道援助担当コミッショナーと、EU・HCR協力合意書に調印。続いて記者会見。EUは、アメリカに次ぐ主要拠出者。次第に現場での活動能力を強めようとしているだけに、早くから協力関係を固めることが肝要。ワーキング・ランチで今後の事業方針などを討議。七時三十分、ボードワン国王記念財団主催シンポジウムで講演。主催者の要請で、テーマは「人道的介入」。イラク、ソマリア、旧ユーゴスラビア、タジキスタンの例をあげ、介入の実態と成果を指摘。

**十二月十四日**（火）

十時四十分、ジュネーブ着、ムサリ元HCR法務部長と昼食を共にし、最近のアルジェリア情勢を聞く。四時三十分、マソベスキー旧ユーゴスラビア人権特別報告者。五時、ブアキラ・アフリカ部長。

**十二月十五日**（水）

九時、ホルキンス欧州部長。同部の機構改革問題。十時三十分、人事部長ら、本年度の職員の昇進に関する委員会報告。十一時三十分、バングラデシュ、十二時、アフリカ統一機構、各大使の新任挨拶。三時三十分から電話交換室、テレ・コミ室、守衛室など、チョコレートを持って年末のお礼回り。五時、バチカンのエチェガライ枢機卿来訪。ボスニア情勢の分析を求められる。

**十二月十六日**（木）

終日、事務処理。八時、幹部会メンバーを自宅に招く。

**十二月十七日**（金）

十一時、本年度最後の幹部会。三時三十分、グルジアへの調査ミッション報告で緊急会議。和平が成立し、アブハジアへの難民帰還を早急に実施しなければならない。次々と世界各地に広がる難民事業。どこまで実施する能力があるのか。資金が続くのか。

**十二月十八日**（土）

十時五十五分ジュネーブ発、帰京の途につく。

**十二月十九日**（日）

自宅で数時間休息の後、帝国ホテルでブトロス＝ガリ事務総長一行と合流。訪日プログラムに参加。

**十二月二十日**（月）

十時、羽田孜大臣との会談。事務総長は、日本の国連への多大な貢献を謝し、さらに、日本の選択する分野で、選挙監視、オブザーバー派遣、フィールド・ホスピタルの設置など、国連活動の現場における、より積極的な協力を要請。続いて村山富市社会党党首、石田幸四郎公明党委員長、大内啓伍民社党委員長とも会談。七時より、細川護煕首相との会談を兼ねた夕食会。常任理事国入りと、平和維持活動への参加は、直接関連するものではないとしたうえで、日本が常任理事国として国連の意思決定の中枢にあることが国連にとって必要と強調。

**十二月二十一日**（火）

国連協会主催昼食会。夕刻、衆参両院議長主催レセプション。事務総長は、各界指導者と精力的に懇談。その間、河野洋平自民党総裁とも会談。

**十二月二十二日**（水）

日本プレスセンターで記者会見後、事務総長は韓国と北朝鮮訪問へ。私は、外務省関係者と精力的に懇談。柳井俊二総合外交政策局長、高野幸二郎政策局国際社会協力部長、斎藤邦彦事務次官。

**十二月二十四日**（金）

平林博経済協力局長、池田維《ただし》アジア局長、東祥三外務政務次官と昼食の後、二時から「筑紫哲也ニュース23」の録画撮り。

**十二月二十七日**（月）

十一時、NHK新年番組「日本の選択」収録。三時三十分、大蔵省篠沢恭助主計局長、四時、鈴木勝也国際平和協力本部事務局長と会談。年末のプログラムを終える。

一九九三年を回顧すると、最大の成果はカンボジア難民帰還の完了。大きな失望は、ボスニア和平の停滞。その他、数え切れない小さな成果と些細な失意。難民の数も増え続けた。それでもわが家では、「寿命」とまで宣告された老犬が、なんとか家族一同と「戌年《いぬどし》」の新年を迎える。

# 一九九四年

**一月一日**（土）
日本の正月は心地良い。静かでのどやか。そのうえ、日が当たる。灰色のヨーロッパの冬とは大違い。元旦、家族と雑煮で祝う。午後、墓参。
**一月三日**（月）、**四日**（火）
伊豆山で保養。
**一月五日**（水）
伊勢参り。遷宮ほどない白木が目にしみる。
**一月六日**（木）

十一時、経団連に平岩外四会長を訪問。難民救済民間基金支援委員会の資金による事業報告と今後の活動の協議。十二時、天皇・皇后両陛下拝謁。

**一月七日**（金）

九時、羽田孜外務大臣、九時三十分、藤井裕久大蔵大臣。一時三十分、鈴木俊一東京都知事表敬訪問。十時、テレビ朝日「ニュースステーション」久米宏氏のインタビュー。

**一月九日**（日）

成田発、韓国訪問に出発。一九九二年末、韓国が難民条約締結国となった機に、同国との関係強化を図るのが目的。旧知の韓昇州《ハンスンジュ》教授が外務大臣となった好機を捉える。

**一月十日**（月）

十時、韓外務大臣表敬訪問。分断国家にとって、難民の対応には格別の関心。重要なグローバル・イシューである難民救済には、資金、人材両面で貢献したいとの意思表明。十一時、韓国赤十字社訪問。ビデオによる同社の活動紹介。医療、自然災害、ベトナム難民の一時受け入れと幅広い事業。同社姜英勲《カンヨンフン》総裁主催の昼食会。三時、金斗喜《キムドゥヒー》司法大臣表敬訪問。五時、「韓国日報」、「中央日報」記者のインタビュー。七時、韓外相主催晩餐会で旧交を温める。

**一月十一日**（火）

九時、「東亜日報」インタビュー。十時三十分、朴双龍《パクサンヨン》韓国国際協力団（KOICA）総裁訪問。四年前訪韓の際は計画段階にあった対外援助機関が、すでに活動しているのに感銘。十二時、朴銖吉《パクスウジル》韓国外交安保研究院院長（前ジュネーブ大使）のワーキング・ランチ。難民法・人道法の普及、国連研究の推進など、幅広い領域の研究協力を約束。三時五十分、金浦《キンポ》空港を出発、成田へ向かう。

**一月十二日**（水）

十二時三十分、成田発チューリッヒ経由でジュネーブへ。

**一月十三日**（木）

九時三十分、定例の副高等弁務官、官房長らとの打ち合わせ。十一時、幹部会。三週間ぶりの執務で案件は盛り沢山。五時十五分、ジュネーブ滞在中のブトロス＝ガリ国連事務総長を訪問。ボスニア、ブルンジ、ソマリア各地の難民事業を報告。

**一月十七日**（月）

十時、柳井外務省総合外交政策局長一行、旧ユーゴスラビア支援調査ミッションの帰路立ち寄る。資金に加え、求められるのは「日本の存在感」を示す事業。二時三十分、グールディング事務次長（政務担当）を交え、CIS（独立国家共同体）諸国における国連活動に関し、情報交換。五時、事務総長、明石代表、ストルテンベルグ代表、グールディング事務次長らとボスニア対策を討議。課題は、ツズラ空港の開港とスレブレニツァ駐屯国連軍の交代を実現するために国連がとるべき対策。西欧およびイスラム各国からは、空爆を含めた強力手段をとれとの厳しい圧力。

**一月十八日**（火）

十時、欧州部長、グルジアに関するジュネーブ交渉のブリーフ。十一時三十分、グルジア事務総長代表ブルナー大使来訪。停戦は成立したものの、難民が帰還しなければアブハジアの分離独立を決定するレファレンダム（国民投票）はできず、難民を帰還させるためには、安全確保のための国連平和維持ないし監視体制を強化しなければならない。アブハジア、グルジア、ロシア、国連の四者協議は難航。

十二時、ベラヤティ・イラン外相来訪。主としてアゼルバイジャンとアフガニスタン情勢。一時、アセフ・アリ・パキスタン外相と昼食。アフガニスタン内戦の拡大による難民受け入れに同国は渋い反応。「アフガニスタン国内に安全地域を設け、避難民を救済する」との話題しきり。

本日から旧ユーゴ和平会議の再開のため、三派代表団がジュネーブに集合。五時、シライジッチ・ボスニア首相一行来訪。戦闘は長期化し、春とともに激化するとの予測を聞いて失望。援助物質についてさまざまな要請。

**一月十九日**（水）

四時四十五分、カラジッチ・セルビア人勢力代表と会談。ツズラへの物資補給協力を約束。トラック輸送が大幅に拡大すれば、空港開けとの圧力は軟化するはず。

**一月二十日**（木）

十一時、二月二十一日から二週間の南部アフリカ・ミッションの打ち合わせ。三時三十分、国内難民問題調査のデン事務総長代表来訪。リリア・フランチ・HCRアンゴラ代表の帰任報告。大変な苦労。

**一月二十一日**（金）、**二十二日**（土）

幹部会メンバーによる勉強会。エビアンのホテルで缶詰め。新たな五年の任期にあたり、中長期の展望と対策を立てるのが目的。難民に加えて国内難民激増への対応。効果的な予防措置の検討、緊急援助能力の整備拡充など、主要政策課題。それにしても、マネージメントの強化は最優先。本部機構の拡大抑制、フィールドへの権限委譲、サービス部門の拠点地域化方針を採択。副高等弁務官をキャップにアクション・プランを立てることで合意。組織としてのHCRの強化は、私が成就したい悲願。

**一月二十四日**（月）

十時三十分、スピーゲル米大使来訪。午後ローザンヌへ。国際オリンピック委員会の発意による「オリンピック休戦」の式典出席。国連総会議長もニューヨークから参加。さらに、国際オリンピック委員会とUNHCRとの協力関係樹立の合意書に調印。サマランチ会長から、難民に運動器具寄贈のありがたい申し出。「難民運動会」、「難民オリンピック」と、夢はふくらむ。

**一月二十五日**（火）

九時、フランス語版『世界難民白書』発表のためパリへ向かう。外務省、難民援助機関関係者と昼食。五時、記者会見。ステートメントはフランス語、質疑応答は英語と使い分けを試みる。質問はボスニア問題に集中するが、難民問題の動向、アフリカ難民など、幅広い関心。七時三十分、ジュペ外相と会談。引き続き外務省で外相主催の晩餐会。ボスニア問題では突っ込んだ協議、アルジェリア情勢も重要課題。

**一月二十六日**（水）

八時十五分、レオタール国防大臣と朝食。十時三十分、難民関係NGOと懇談。二時、パリ発。ジュネーブへ帰任。四時三十分、スウェーデン大使、五時、オランダ大使来訪。

**一月二十八日**（金）

午前、HCR非公式執行委員会出席の後、ダボスへ向かう。「ワールド・エコノミック・フォーラム」へは三年目の出席。ワールド・エコノミック・リーダーズ（経済閣僚や国際機関代表者）による一日半の非公式協議。世界経済はようやく回復へ向かいはじめたとやや明るい見通し。ロシア、東欧諸国、アフリカ（モザンビーク、ザンビア各大統領出席）、いずれも市場経済への移行は不可避だが、社会コスト対策の重要性を指摘。

**一月二十九日**（土）

十時十五分、本会議パネル。リー・クワン・ユー前シンガポール首相司会。サリナス・メキシコ大統領は、NAFTA（北米自由貿易協定）を中心に地域経済統合論。デミレル・トルコ大統領は文化融和論。私は、マルチラテラリズム（多国間主義）の可能性と限界。かみ合ったパネルとは言い難いが、それなりのメッセージは伝えられたと期待。四時四十五分、部会パネル。「人道活動と人権」にも参加。東西の人権概念の相違で議論が沸く。

**一月三十日**（日）

午前、ワールド・エコノミック・リーダーズ非公式討議。四時、本年ダボス会議の目玉、アラファトPLO議長とペレス・イスラエル外相などの中東和平パネル。歴史の転換に触れた思いで、夕刻ジュネーブへ戻る。

**二月五日**（土）

サラエボ中央市場が砲撃され、多数の死傷者発生。CNNは無惨な光景を流し続ける。現地では必死の救助作業。被災五時間後、十歳の男児がHCR物資輸送の飛行機でアンコナ基地（イタリア）赤十字病院へ。

**二月六日**（日）

サラエボ砲撃事件で電話連絡しきり。

**二月七日**（月）

HCRヨーロッパ代表会議。参加者総数も三十名を超え、東西を合計すると今やヨーロッパは最大の難民大陸。新たな難民戦略の樹立が急がれる。十二時、中東放送インタビュー。三時四十五分、ルーマニア大使、大統領からの親書を携え来訪。五時、ホッグ英国外務担当閣外大臣とボスニア情勢協議。

夕刻、週末に転倒して痛む左手首をレントゲンにかけたところ、骨折と判定。ギプスをはめられる。これから四週間、多少不自由な毎日か。サラエボでは、国連保護軍ローズ・ボスニア司令官の仲介で、セルビア人勢力と政府軍との和平成立。

**二月八日**（火）

三時、ドイツ議会人権・人道委員会一行来訪。旧ユーゴスラビアを中心に、難民問題の全般をブリーフ。ドイツの人道援助拠出金の大幅増加も要請。ストルテンベルグ、オーエン両議長と夕食。

**二月九日**（水）

十時、モック・オーストリア外相と会談。十一時、国連人権委員会でステートメント。三時、『エコー』誌インタビュー。四時、ファクリ中東部次長よりアフガン難民情勢についてのブリーフィング。五時、ヨーロッパ代表会議の最終セッション。

**二月十日**（木）

十時三十分、デマー・オンブズマン（職員苦情調停役）。十一時、幹部会。一時、国連婦人会で講演。二時三十分、旧ユーゴスラビアに関する部内会議。北大西洋条約機構理事会は、昨夜空爆実施の最終通告を採択。二十一日午前零時までにサラエボ周辺の重火器を、二十キロ以遠ないし国連管理下に移すことを要求。HCR職員の安全を期するため、セルビア勢力支配地域から引き揚げ開始を決める。十四日から予定されていた旧ユーゴスラビア諸国訪問の延期も決定、関係諸国に通告。四時、コイマン・オランダ外相来訪。

**二月十一日**（金）

九時四十五分、レドマン・ユーゴスラビア担当米国大使来訪。米国の仲介努力の概要をブリーフ。十時三十分、ダスカロフ・ブルガリア外相。十一時、ロット・フランス外務省難民担当局長。十二時、新HCR本部建築現場視察。

**二月十四日**（月）

九時三十分、辞任するジマーマン米国務省難民部長と協議。十時、インドシナ難民に関するCPA（包括的行動計画）会議でステートメント。非難民ベトナム人の強制送還にも反対してきたアメリカが、柔軟な姿勢を示したことに注目。来年には、東南アジア諸国のベトナム人キャンプも大幅縮小が予想される。

**二月十五日**（火）

四時、ザグレブへ出発。明石代表の提案で、ストルテンベルグ代表を交え、十六日は終日非公式協議。当初予定していた旧ユーゴスラビア諸国訪問の中で、この協議のみスケジュール通りに実施。空爆への対応から中長期政策に至る、有益な意見交換。

**二月十七日**（木）

十一時、幹部会。一時、人道担当事務次長に新任のピーター・ハンセン氏と昼食。

三時、南部アフリカ出張の打ち合わせ。夕刻、テレビでロシアによるセルビア勢力重火器撤去の説得、ロシア軍のサラエボ国連保護軍参加を知る。空爆実施が遠のくのを感じる。

**二月十八日**（金）

十時三十分、エル・ガベド・イスラム諸国会議事務局長来訪。十一時、ムサリHCRブルンジ特使の情勢報告。四時、バン・トランEC大使離任挨拶。

**二月二十一日**（月）

午前零時、国連保護軍による重火器撤去確認で、サラエボ空爆は回避。ほっとする。果たして停戦が和平へと進むか。この日はじめて、HCR人道援助輸送は、ボスニア全土で陸空とも停止。明日から逐次再開の準備。夕刻、南部アフリカ四カ国訪問に出発。モザンビーク難民の帰還促進が目的。

**二月二十二日**（火）

九時二十五分、ハラレ（ジンバブエ）着、小憩。二時、公共事業担当相チタウラ女史、四時、シャムヤリラ外相と会談。

**二月二十三日**（水）

八時、ヘリコプターでトンゴガラ難民キャンプ視察に出発。バス、トラックに荷物を満載して帰る難民を見送った後、キャンプ内を回る。木工、縫製、農耕と豊富な職業訓練プログラム。とくに、イタリアNGO後援の図書館で、難民児童が静かに読書にふける光景に感銘。ビデオや模型を使った地雷教育もかなり徹底の様子。

**二月二十四日**（木）

十時、ムガベ大統領に謁見。年内九万人の難民帰還も順調に進展することを期待してスワジランドへ出発。

三時、スワジランド、マツァファ空港着。モザンビーク難民児童の軽快な民族舞踊の歓迎。スケジュール変更で、空港から王宮へ旅装のまま直行となる。小国ながら三万五千人の難民を受け入れたことを、ムスワティ三世国王に深謝。

**二月二十五日**（金）

七時三十分、ホテル発。スワジ鉄道ムパカ駅へ向かう。家財一式を持ち込み、期待する八百余名の難民を列車内で激励。家族連れが多いせいか表情も明るい。子どもは一家族五、六名以上か。全車を歩いた後、機関手に合図。まさに「汽笛一声」で動き出す（ただし電気機関車）。難民が半数帰還した後のキャンプはやや寂寥《せきりょう》。夕刻、内務大臣ソバンドラ殿下主催のレセプション。警察楽隊や民族舞踊で賑わう。

**二月二十六日**（土）

十時、記者会見の後、自動車でスワジランド出発。国境のゲートを越えると南ア。二時間でクルーガー国立公園、メララネ・ロッジ着。ここで一旦休息。七時、公園管理人が夜の公園案内。満月。無数のインパラやサイの群れ。草原にただ一頭横たわるチーターに出会う。

**二月二十七日**（日）

八時から公園管理局のヘリコプターで視察、約二十五万のモザンビーク難民を、クルーガー公園を横断して帰国させる計画。象、サイ、シマウマ、キリン、ライオン、チーターとあらゆる動物の大群も見る。三時、空路、ヨハネスブルクへ。

**二月二十八日**（月）

九時、マンデラＡＮＣ（アフリカ民族会議）議長訪問。どんな妨害があっても予定通り選挙を行うと強調。続いてランボＰＡＣ（汎アフリカニスト会議）副議長。十二時三十分、選挙監視の調整を任務とするブラヒミ国連事務総長特別代表と昼食。二時五十分、南ア・テレビ収録。五時、ＨＣＲ事務所訪問。治安悪化の都心ビルから郊外へ移り、職員の表情も明るい。七時、瀬崎克己大使主催の歓迎レセプション。

**三月一日**（火）

九時三十分、ヨハネスブルクからプレトリアへ出発。十時三十分、在南ア各国外交団に難民情勢をブリーフ。外務省シーラ国際機関長主催、難民関係者のワーキング・ランチ。一九九一年秋から、南アで活動した唯一の国連機関であるＨＣＲへの信頼は厚い。三時、デクラーク大統領訪問。大統領も、南アは民主的手段を通して革命的変化を達成すると力説。五時、日本の政府、民間資金を活用してＨＣＲが始める帰還難民訓練プログラム施設を視察。失業率が高い折柄、訓練を通して南ア帰還難民の定住を支援しようとする試み。七時、ライマン米大使（前国務省難民部長）主催の晩餐会。

**三月二日**（水）

ジンバブエ、スワジランド、南ア訪問を終え、いよいよ難民帰還先、モザンビークの受け入れ状況の視察が始まる。

午後、ヨハネスブルクから空路マプトへ。空港では、モザンビーク政府、国連関係者の他、国連モザンビーク活動（ＯＮＵＭＯＺ）輸送調整業務の自衛隊員にも迎えられる。国連平和維持活動が展開される前線で、初めて出会う自衛隊。ここにも日本人がいたかと、ちょっと救われる思い。空港からポラナ・ホテルへ。インド洋を見渡すポルトガル植民地時代からの超一流ホテル。最近南ア資本で修復されたと聞く。

**三月三日**（木）

九時、ベロソ国際協力大臣表敬。引き続きバロイ次官その他難民関係者と打ち合わせ。十時三十分、アエロ国連事務総長特別代表と協議。和平の見通し、地雷撤去状況などのブリーフ。十一時四十五分、ヘリコプターでアンパラ駅へ。スワジランドから帰国する難民を迎える。長時間列車に揺られたためか、やや疲れた表情。列車内を歩き、車内の清潔さに感心。駅ではモザンビークの民族舞踊。数十台のバスとトラックが並び、最終目的地への輸送準備は万端。帰還難民の歓迎は楽しい。

引き続きヘリコプターでマプト州内帰還難民コミュニティ視察。HCR資金で竣工した学校（二教室）、診療所（一室）、給水所のテープ切り。受益者は帰還難民ばかりでなく全住民。ただし、今後、教育や教材、ヘルス・ワーカーや医薬品の供給がどこまで続くか、多少心配。

**三月四日**（金）

八時、主要ドナー国大使と朝食。難民帰還状況と計画をブリーフ。十時、モクビ外相表敬。十一時、デュラカマＲＥＮＡＭＯ（モザンビーク民族抵抗運動）議長と会談。選挙を通した政権参加への決意表明。昼食をＯＮＵＭＯＺ派遣自衛隊長らと共にし、経験談を聞く。続いてＮＧＯとの懇談。モザンビークには百七十にのぼる国際ＮＧＯ

が活躍。四時、チサノ大統領表敬。七時、ONUMOZその他国連機関代表者とワーキング・ディナー。

**三月五日**（土）

七時三十分、マプト空港発。国連軍提供の飛行機でテテ州へ。テテ州は帰還難民の中心地。百五十万難民の三分の二は同州出身。テテ市からヘリコプターに乗りついで同州ウロンゲへ。同地のHCRフィールド・オフィスには、現地語まで駆使しながら活躍する織田靖子さん。難民は、屋根、柱、家財道具一式を担いでマラウイ国境を越え、もとの土地に戻ったという。緑一色の田畑からは、はや収穫も予想。HCRの主要業務は食糧の供給、学校、診療所、給水所の建設。イエズス会修道院と学校も修復中。

案内役のゴンカルバス司祭は、一九六二年からモザンビークで教育活動。内戦がウロンゲに及ぶと難民とともにマラウイへ逃れ、和平とともに戻って、目下、難民の定住と地域の復興に尽力中。終日テテで過ごし、明るい気持ちでマプトへ。

**三月六日**（日）

九時、マプト訪問中のサリム・アフリカ統一機構（OAU）事務総長と協議。九時三十分、HCR南部アフリカ地域代表会議を開会。六カ国から百五十万という大帰還計画の実施状況のレビューと今後の対処方針。十月の選挙までに、六、七十万人帰還させられるかが成否の鍵。今後は、地雷撤去、道路や橋の修復によるアクセス確保など、かなりの困難も予想。早急に資金集めも必要。四時、マプト発、ヨハネスブルク経由でジュネーブへ。

**三月七日**（月）

八時三十分、ジュネーブ着。午前中休息。二時三十分、病院で手首のギプスをはずし、解放されて出勤。留守中の報告、書類の山。

**三月八日**（火）

ハンセン人道問題担当事務次長ら来訪。イタリア提案の児童福祉会議への対処打ち合わせ。

**三月九日**（水）

三時、ベルティィニ世界食糧計画（WFP）事務局長来訪。バン・ルーベン（パキスタン）、トロラー（カナダ）、フォベール（ケニア）各HCR代表の報告。

**三月十日**（木）、**十一日**（金）

隣接するジュネーブ国際関係高等研究所で平和維持活動に関する研究会議。二日目の午後、「平和維持と人道活動のインターフェース」につき、例示を挙げて講演。

**三月十二日**（土）

十時三十分、旧ユーゴスラビア諸国訪問打ち合わせ。延期した出張を一カ月遅れで十四日から実施。現地の情勢も改善し、訪問には適当な時期と判断。

**三月十三日**（日）

夜、チューリッッヒでベーカー前米国務長官と会食後、同地で一泊。翌朝七時、チューリッッヒ発。十一時、スコピエ（マケドニア）着。

**三月十四日**（月）

十一時三十分、ツルヴェンコフスキー外相、十二時、グリゴロフ大統領表敬。同国におけるＨＣＲ援助対象者は約三万。国連軍の派遣も予防のためだが、不穏なコソボを北に、経済封鎖に踏み切ったギリシャを南に、そもそも貧しいマケドニアの苦境は厳しい。いったんコソボに火がつけば、十万から三十万にものぼるかもしれぬ難民の受け入れは困難と大統領は主張。当方はあらゆる支援を約しつつも、難民の一時滞在ないし安全通過を求める。政府および国連関係者とワーキング・ランチ。二時三十分、スコピエ発ベオグラードへ向かう。

三時、ベオグラード着。ただちにユーゴスラビア連邦共和国大統領府で、シミチ副首相を中心に難民担当各省次官、局長らと会議。五十万人に近い難民を（ＨＣＲの援助対象は四十二万)、経済制裁の下で保護する苦渋が次々と表明される。児童、老人、病人など弱者を迫害する制裁の実態を国際社会に公表するのが、彼らが私にかける期待。六時三十分、ベオグラード在住外交団と懇談。八時、政府主催晩餐会。

**三月十五日**(火)

九時三十分、郊外のコビロボ難民センター訪問、温かい歓迎。十一時、ミロシェビッチ・セルビア大統領訪問。ボスニア和平につき詳細な見通しを聞く。制裁解除が彼の最大関心事。当方より、マグライ地域への輸送達成、バニャルカ地域の「民族浄化」抑制に関し、大統領の尽力を要請。十二時、リリッチ・ユーゴスラビア連邦共和国大統領表敬。一時、ポドゴリツァ(モンテネグロ)へ出発。一時三十分、空港へ出迎えのレキチ・モンテネグロ外相とブラトビチ大統領表敬へ。HCRによる六万六千人の難民援助は、同国にとっては重要。制裁下にある小国ながら、モンテネグロはすべての難民を受け入れ、就学、就業を含め、きわめて公正な待遇を行っている。謝意を表明。大統領はHCRに対し、制裁委員会からの特別許可を取得するためのいっそうの努力を依頼。セルビアの影響下にありながら、多民族社会のバランスを保とうとする小国の悲哀を痛感。

外相主催の昼食会後、ザグレブへ。七時、グラニチ・クロアチア外相と協議。外相は翌朝ワシントンへ出発と決まり、急遽予定を繰り上げた夕刻の会談。クロアチアとムスリム人勢力間の和解プロセス、和平の見通し、クロアチア内国連保護地域の安全化対策などについて意見交換。

**三月十六日**（水）

八時三十分、サラエボ着。九時、ボスニア政府、難民、保健、経済各閣僚と会談。十時、イゼトベゴビッチ大統領、十時三十分、ローズ国連軍司令官表敬。引き続きローズ司令官と市内視察。はじめて防弾チョッキをつけず、ムスリムとセルビア居住地域を分断する橋を歩く。肌にする平和の訪れ。悪天候のためモスタルへのヘリコプターが飛べず、終日サラエボを視察。

**三月十七日**（木）

八時四十五分、クロアチア人道問題担当副首相らと会談。明石旧ユーゴスラビア特別代表訪問。在ザグレブ国連諸機関代表と協議。事態は警戒を要するも、若干の明るさが見られるとの共通認識。ヘリコプターで国連保護地域視察の後、ザグレブ経由でジュネーブへ。国連軍およびＨＣＲ借り上げの小型飛行機を駆使して超過密な四日間の駆け足旅行。ジュネーブへ戻ったのは夜の十一時。

**三月三十一日**（木）

明日から始まる四日間のイースター休暇を前に多忙な一日。九時三十分、定例の副高等弁務官、官房長との打ち合わせ。十時、法務部長、旧ユーゴスラビア難民「一時保護」会議の経過報告。十時三十分、イラン内務省ホセイニ局長来訪。イランからのアフガン難民帰還は、アフガニスタン情勢の不穏化から停滞気味。帰還を強制せず、しかも促進したいイランのジレンマは深刻。十一時、幹部会。四時、欧州評議会代表団。二時、ムサリＨＣＲブルンジ特使の帰国報告。ブルンジ情勢は一応小康状態。ルワンダは政権移譲が進まず、政府不在に近いと指摘。恐ろしいほどの武器の氾濫《はんらん》が危機を招くと警告。周辺諸国首脳の主催するアルーシャ会議に期待するのみとの結論。

**四月六日**（水）

朝のＢＢＣラジオ放送は、アルーシャからの帰路のルワンダ、ブルンジ両大統領搭乗の専用機がキガリ空港着陸寸前に砲撃され墜落、両大統領死亡と伝える。悪い予感。いよいよ内戦の拡大か。十時、新任のカナダ市民・移民・難民担当アーチ大臣来訪。

**四月七日**（木）

終日ＨＣＲ各部局でブリーフを受ける由。

午後、十一日から始まる国連諸機関長の参加する行政調整委員会（ACC）の準備打ち合わせ。

**四月八日**（金）

三時、ブラヒミ南ア選挙監視関係事務総長特別代表来訪。四時、コンウェー人事部長。五時、ベレベルト旧ユーゴスラビア・コーディネーター。

**四月九日**（土）

十一時三十分、ジュネーブ滞在中のブトロス＝ガリ事務総長。十二時、グールディング政務担当事務次長と協議。ルワンダ情勢、ゴラジュデ（ボスニア）情勢など、国連に与えられた任務は拡大、深刻化の一途。八時、ザハラン・エジプト大使公邸で事務総長を囲む夕食会。

**四月十一日**（月）

翌日までACC会合。ホスト機関は国際電気通信連合（ITU）。主要議題は、「国連諸機関の任務分担と財源」、「国連五十周年記念事業」、「世界人権会議フォローアップ」、その他人事行政問題など。

**四月十二日**（火）

参加女性機関長を自宅に朝食に招く。

**四月十三日**（水）

八時、新任のハンセン人道問題担当事務次長、ベルティニWFP事務局長、スペスUNDP総裁、グラント・ユニセフ事務局長と朝食。十時三十分、ルワンダ情勢の悪化に備え、緊急援助チーム派遣を決定する部内協議。十二時、レイモンド外交委員会委員長を中心とするフランス議員団ブリーフ。三時、人道問題関係機関常設委員会。

**四月十四日**（木）

九時三十分、在ジュネーブ各国代表部によって構成される人道問題ワーキング・グループで、南部アフリカ諸国訪問を報告。モザンビーク難民帰還問題を中心に、帰還事業の見直しと、財源問題が中心。三時、ホルキンス欧州部長と、国際会議開催に関するロシア提案（主要議題は旧ソ連諸国における難民移民問題）を検討。コズレフ外務大臣の書簡には、一応前向きの返答を決定。

**四月十五日**（金）

ジュネーブ発、東京へ。

**四月十八日**（月）

九時、グローバル・ガバナンス委員会シンポジウム。国連大学ホールで「人道危機のガバナンス（管理と対応）」について講演。三時、UNHCRと読売新聞共催シンポジウム「いま一九〇〇万人の難民が」で難民問題を総括。横田洋三国際基督教大学教授、竹田いさみ獨協《どっきょう》大学教授、在ミャンマーHCR伊藤礼樹《あやき》職員がそれぞれの視点から難民問題を検証。『世界難民白書』発行のPRも兼ねる。

**四月十九日**（火）

午前はグローバル・ガバナンス会合。三時、経団連会館で難民救済民間基金委員会会合。準備したビデオを使用しながら難民問題の趨勢《すうせい》を説明。再度、募金運動の開始を依頼。五時、高野外務省国際社会協力部長と会談。引き続き、羽田外務大臣を表敬訪問。

**四月二十日**（水）

終日グローバル・ガバナンス委員会。報告書の検討に入る。十二時、ケア・インターナショナル国際賞授賞式出席。二時、記者会見。質問はアフリカ問題、ボスニア問題に集中。

**四月二十二日**（金）

十二時三十分、上智大学名誉教授称号授与式、久々に、同僚や友人との再会を楽しむ。上智大学名誉教授の称号授与は、同大での教務を果たすことのできなかった私にとって、最大の栄誉。二時四十五分、三ヶ月法務大臣、引き続き塚田入管局長表敬。

四時、斎藤外務次官と会談。訪日日程を終える。

在京中、ゴラジュデ情勢が悪化。ゴラジュデＨＣＲ事務所に籠城する四名の職員から、連日、生々しい報告が伝えられる。毎夜自宅には「今のところ、四名のスタッフは無事」とのファックス連絡。ジュネーブ、ザグレブ、ニューヨークと電話協議。在ジュネーブＨＣＲ、その他国際機関職員と家族、紛争各地で人道援助を続ける同僚への連帯を示し、政治指導者の決断を求めて、二十二日正午、静かなデモを決行するとの連絡。前代未聞。激励メッセージを送る。今後の情勢によっては、ベトナム訪問の中断も必要か。

**四月二十四日**（日）

十一時、成田発、香港経由、ハノイへ向かう。香港空港で、アサディＨＣＲ代表より、帰国を拒否するベトナム難民の不穏な状況が報告される。五時四十分ハノイ着。十五年ぶりのベトナム訪問。ハノイの人口増加、とくに、自転車を上回るオートバイ（通称「ホンダ」）に驚く。八時、グエン・マイン・カム外務大臣主催晩餐会。

**四月二十五日**（月）

八時三十分、外務大臣以下外務省担当者との協議。十一時、ヴォー・ヴァン・キエット首相表敬。首相は、東南アジア諸国および日本に滞在するベトナム人の帰国受け入れ用意を重ねて強調。インドシナ難民に関するCPAの合意にもとづき、HCRも一九九五年末までに帰還終了を目指し協力を続けると確認。帰国促進のための信頼醸成プログラム、定住プログラムなど協議を重ねる。二時、内務次官、三時、労働次官表敬。三時四十五分、帰国者受け入れセンター訪問。

**四月二十六日**（火）

八時三十分、ハノイ発、車でハイフォンへ向かう。ハイフォンは、香港へ出国したベトナム人の最大出身地。市当局者と懇談後、日本国際ボランティアセンター、自動車修理・教習所・婦人組合職業訓練センターなど視察。いずれもHCRの帰国者定住促進プログラムの一環。

帰国者との対話。「なぜ国を出たの？」、「貧しいからよりよい生活を見つけようとした」、「なぜ帰国を決めたの？」、「キャンプに残っていても第三国へ行けないことがわかったから」、「国へ帰って嬉しい？」、「キャンプに居るよりはましだ」

夜、ジュネーブからの電話で、ゴラジュデへの国連保護軍の到着と、NATO空爆の回避を知る。HCR職員は全員無事。負傷者と同地を離れる由。肩の荷が軽くなった思いでベトナム訪問の継続を決定。

**四月二十七日**（水）

八時三十分、ハイフォン発。ハノイへ戻り空路ユエへ。古都ユエは、フランス人観光客で賑わう。

**四月二十八日**（木）

定住促進プロジェクト視察。中学校校舎のテープカット。縫製訓練プロジェクト、養魚プロジェクトなど。夜、パール・リバーに船を浮かべ、ベトナム舞踊と音楽の歓待を受ける。

**四月二十九日**（金）

八時三十分、ユエ発。ダナンから空路ホーチミン市へ。六時、ホーチミン市長訪問。引き続き歓迎晩餐会。

**四月三十日**（土）

十時、帰国者受け入れセンター訪問。ここでは、東南アジア諸国からの帰国者が主体。ここでも帰国者は、「キャンプに残り続けてもしようがないし、ベトナムもよくなってきたと聞くので帰ってきた」という。

ベトナムの経済発展と開放政策が進む限り、世界を震撼させたボートピープル問題も終わりの日を迎えるのではなかろうか。期待を持って、活気に満ちたホーチミン市を後に、七時五十分、帰路につく。

**五月一日**（日）

八時十五分、ホーチミン市よりジュネーブ着。夕刻、アフリカ部長より電話連絡。週末、推定二十五万人のルワンダ難民がタンザニア北部に流出した由。短期間の流出としては最大規模。

**五月二日**（月）

十一時三十分、ルワンダに関する部内協議。物資補給、輸送、保健衛生と難問多発。現地入りしていた緊急援助チームも大童の対応。四時、ユーゴスラビア情勢報告。五時、ロシア提案の難民国際会議に備え、モスクワに赴く代表団と打ち合わせ。

**五月三日**（火）

十一時四十五分、米国シャレーラ保健・社会福祉長官の昼食講演会。二時、ヴェイユ仏社会問題・保健衛生・都市大臣と面談。ジュネーブでＷＨＯ（世界保健機関）総会開催中のため、保健関係大臣の来寿しきり。三時、アヤラ・ラッソ人権高等弁務官着任挨拶に来訪。四時、在ブリュッセルＨＣＲ代表メンデルセ辞任の挨拶。旧ユーゴスラビア特使として活躍したメンデルセは、スペイン社会党の要請で欧州議会議員に立候補を決定。六時三十分より送別パーティー。初期の旧ユーゴスラビア援助活動の思い出話しきり。

**五月四日**（水）

十時三十分、アフリカ難民デー・メッセージの録画撮り。十一時、タベト法王使節来訪。三時、ジュネーブ各国代表部によって構成される人道問題ワーキング・グループで旧ユーゴスラビア復興問題討議。夜、ジュネーブ訪問中の中曽根康弘元首相を囲む遠藤實大使主催夕食会に出席。

**五月五日**（木）

シミチ・ユーゴスラビア副首相。十一時、幹部会。三時、コレル国連法律顧問新任挨拶。四時、ＨＣＲタジキスタン・ピイエロ代表の報告。五時、ブトロス＝ガリ事務総長と旧ユーゴスラビア、ルワンダ情勢協議。

**五月六日**（金）

十時、難民問題貢献者に贈られるナンセン賞受賞者選考委員会。候補者不足のため選考過程の継続を決定。十一時三十分、米国スピーゲル大使来訪。ワシントン訪問のブリーフ。最大案件はハイチ問題か。

**五月八日**（日）

十二時十五分、ジュネーブ発、ニューヨーク経由でワシントンへ。到着と同時にクリントン大統領による、ハイチ・ボートピープル海上阻止政策の変更発表を知る。ハイチ状況が悪化するなか、ボートピープルの拿捕《だほ》・送還は、難民保護の基本原則にもとるとして、しばしば米国政府に警告してきたところ。選挙中のクリントン大統領は、海上阻止政策に反対してきただけに、ハイチ情勢悪化に伴う国内批判に応えざるを得なくなったものか。

**五月九日**（月）

九時三十分、新設のホロコースト博物館訪問。十一時三十分、「ニューヨーク・タイムズ」紙のインタビュー。一時、全米難民関係NGO組織インターアクションの総会で講演。三時、国務省オークリー人口・難民・移民担当国務次官補、四時、ベネット国際機関担当国務次官補と協議。ワシントンの関心は、今や第一がハイチ、第二がルワンダ、第三がボスニア。五時四十五分、硬派のテレビ番組「マクニール・レアー」で、大統領のハイチ難民政策の変更を支持し、協力の意向を表明。

**五月十日**（火）

六時三十分ホテル出発。ABC人気番組「グッド・モーニング・アメリカ」に出演。ハイチ、ルワンダ、モザンビーク難民問題が取り上げられる。九時、国防省ペリー長官表敬。ボスニアにおける人道援助物資の空輸、空中投下、タンザニア難民キャンプ設置のための空輸支援などに謝意表明。米軍によるロジスティックス支援は、HCRの活動強化に不可欠。ボスニア情勢につき突っ込んだ意見交換。
国務省に赴き、アフリカ・南アジア担当各次官補、地球規模問題担当ワース国務次官と会談。正午、同次官主催ワーキング・ランチ。二時三十分、ブールダー新海軍作戦部長表敬。前NATO南部司令官の同氏は、ボスニア空輸の最大協力者。三時、ホルムス国防次官補（平和維持活動など担当）。五時、国家情報会議議長ジョセフ・ナイ教授訪問。七時三十分、オークリー国務次官補主催ディナー。

**五月十一日**（水）

八時三十分、「ロサンゼルス・タイムズ」紙インタビュー。九時、レノ司法長官表敬。ハイチ難民対策、移民対策などを協議。十時三十分、アトウッド国際開発庁長官。難民帰還と開発援助の関連づけ、対アフリカ援助政策など幅広い議題。十一時十五分、タルボット国務副長官。ハイチ、ボスニアの他、旧ソ連諸国内の人口移動問題などを協議。十二時十五分、議会でポスト冷戦両院ラウンド・テーブル研究会ワーキング・ランチ。午後、下院外交委員会、予算委員会メンバーと個別会談。五時、上院司法委員会移民・難民問題小委ケネディ、サイモン、シンプソン議員と懇談。夜、スタフォード前難民副高等弁務官宅で友人らと旧交を温める。

**五月十二日**（木）

十時、ブルッキングス研究所で「武力紛争下の人道援助活動」をテーマに講演。十一時三十分、ホワイトハウスにクリントン大統領表敬。米国のＨＣＲ支援に謝意を表し、引き続き支持を要請。大統領は難民支援政策の不変を強調。とくに、ハイチ・ボートピープルにつき、「国際的に信用される」方法で庇護要請を審査するため、ＨＣＲの協力を求める。当方、あらゆる努力を約するとともに、船上の審査で対応できない場合、ボートピープルを難民キャンプで一時保護する必要もあろうと指摘。大統領は、当方の説明に丁寧に耳を傾ける聞き上手。大統領任命のハイチ問題グレー大統領・国務長官特別顧問と協力するため、アソマニＨＣＲ中米地域代表をコスタリカからワシントンへ呼び寄せることを決定。

同日午後、議会でハットフィールド、リーヒー上院歳出委員会委員、リビングストンなど下院歳出対外活動小委員会委員、オービー（下院予算委員長）、ペル、カッセンバウム、ルガー、ドット上院外交委員会委員と会談。議会が、難民対策、予算決定に大きく関与するアメリカでは、議員の理解、支援を一人一人取りつけるのも必要。

**五月十三日**（金）

九時、マイスナー移民帰化局長官訪問。ハイチ・ボートピープルの審査過程の細部打ち合わせ。HCRから十数名の法務官を派遣し、米国出入国管理官のアドバイスにあてることを合意。十一時、リーヒー上院議員による地雷および地雷撤去に関する公聴会で証言。十二時、国務省職員に世界難民情勢につき講演。午後、ロード東アジア太平洋問題担当国務次官補、シャタック人権担当国務次官補、ターノフ政務担当国務次官と会談。公式行事を終え、HCRワシントン事務所職員と夕食。

**五月十四日**（土）、**十五日**（日）

週末、ワシントンで静養。旧友とテニス。ナショナル・ギャラリーで「デ・クーニング展」を鑑賞。

**五月十七日**（火）

ニューヨーク国連本部訪問。新任のコナー行財政担当事務次長、安保理議長ガンベリ・ナイジェリア大使、ガレカン、デ・ソト両事務総長顧問、オルブライト米国国連大使、グールディング政務担当事務次長訪問。小和田恆《おわだひさし》国連大使らとワーキング・ディナー。

**五月十八日**（水）

ハンセン人道問題担当事務次長（国連緊急援助調整官）、アナンPKO担当事務次長、スペスUNDP長官訪問。ニューヨーク各国代表部によって構成される人道問題ワーキング・グループで最近の難民情勢ブリーフ。八時、オルブライト国連大使主催の晩餐会。話題はもっぱらルワンダ情勢。PKO派遣の是非。人道活動の起点をキガリとするか、国境周辺にとどめるか激論。

**五月十九日**（木）

再びワシントンへ。六時、ハイチ問題グレー特別顧問と今後の対策を協議。

**五月二十一日**（土）

「ワシントン・ポスト」紙一面トップも「UNがUSを支援。ハイチ難民救援作戦」。思わず苦笑。

**五月二十二日**（日）

ジュネーブへ。

**五月二十四日**（火）

二週間のアメリカ出張から帰り、十二時三十分、国連人権委員会ルワンダ緊急会議でステートメント。二十五万人にのぼるルワンダ難民をタンザニアのキャンプに収容したものの、再度の流出に対応する余力はないと指摘。ルワンダ国内の人権状況の改善、和平実現の緊急性を強調。

**五月二十五日**（水）

十時三十分、滞米中に合意したハイチ難民対策の概要を部内でブリーフ。終日、留守中の懸案処理。

**五月二十六日**（木）

九時三十分、予算案の最終報告。十一時、幹部会。二時、ジュネーブ国際関係高等学院で「難民法の新しい局面」につき講演。四時、難民国際会議準備のため訪露した代表団の帰任報告。ロシア政府関係省庁間の利害調整は複雑な模様。

**五月二十七日**（金）

十時三十分、北欧四カ国大使来訪。旧ユーゴスラビア、ルワンダ状況をブリーフ。拠出金や人事に関する北欧の共通関心を表明。三時、アメリカ代表部にスピーゲル大使を訪問。訪米報告と謝意表明。四時三十分、「国際家族年」を記念したHCR職員家族集会に出席。代表者の挨拶や児童の合唱。通常はむずかしい表情の職員が、子どもを膝ににこやかに観賞。風船を片手に、泣く子、笑う子。

**五月三十日**（月）

十二時、米国欧州軍司令部ジョーンズ准将離任挨拶。一時、メモリアル・デー（戦没将兵記念日）を記念し、アメリカ大使公邸でボスニア空輸軍関係者を中心とした昼食会。ジョーンズ准将より感謝状の贈呈。三時、新HCRビルの現場視察。五時、ブアキラ・アフリカ部長。

**五月三十一日**（火）

十一時、「アフリカの角」地域の現状報告。一時、HCR難民資料センター視察。八時、ストルテンベルグ旧ユーゴスラビア和平会議共同議長代表と夕食。久々に、ゆっくり意見交換。

**六月一日**（水）

十時、ムサリHCRブルンジ特使と協議。ルワンダ情勢を把握するため同特使の再度派遣を決定。十一時、デマーHCR調停官、十二時、モジャーン中東部長、三時、セルビア難民コミッショナー、四時、コロソフスキー・ロシア大使、五時、ハーキン米国上院議員と面会しきり。

**六月二日**（木）

十時、アトウッド米国国際開発庁長官一行十名。アフリカ視察の帰路立ち寄り、飢《き》饉《きん》予防政策を協議。昼食をボデンス・ホサング・オランダ大使（執行委員会議長）、カマル・パキスタン大使（執行委員会副議長）と共にし、本年度執行委員会の対策を練る。

**六月三日**（金）

十二時四十分、ジュネーブ発、アムステルダムへ。さらに車で二時間、中世の町ミドルバーグ到着。

**六月四日**（土）

朝十一時、「フランクリン・エレノア・ルーズベルト四つの自由勲章」授与式。自由に貢献した受章者は、ダライ・ラマを含め五名。私以外は、いずれも難民経験者。難民と自由の抑圧のかかわりは明白。高齢のユリアナ前女王、式典から昼食会に出席。活発な意見交換。三時三十分、陸路ブリュッセルへ赴く。

**六月五日**（日）

終日、グローバル・ガバナンス委員会で報告書案の検討。とくに国連の改革部分について意見を述べ、六時四十分、オスロへ向かう。

**六月六日**（月）

九時、パリナック（パートナーシップ・イン・アクション）ＨＣＲ・ＮＧＯ世界会議で基調講演。難民・人道援助分野におけるＮＧＯとの協力、とくに途上国ＮＧＯの強化育成の重要性を強調。六回の地域会議を経ての最終世界会議。一三四項目の行動計画案の採択が目的。出席の八十三カ国、百八十二ＮＧＯ団体の中、途上国の五十団体には、ＨＣＲが旅費・滞在費を負担。日本のＮＧＯの姿が見当たらないのは、いかにも残念。

マルタ・ルイーゼ王女の招待で、王宮で昼食。同王女はＨＣＲの親善大使、すでにジュネーブで研修を受け、西アフリカ諸国難民キャンプも視察済み。若者の支持確保に努力したいとの抱負。午後は、各地域グループの部会を回る。

**六月七日**（火）

十一時三十分、オスロ発ニューヨーク経由ワシントンへ。アソマニＨＣＲハイチ問題特使らとワーキング・ディナー。船上のボートピープル審査をめぐり米国ＨＣＲ間にさまざまな意見の相違。グレー大統領・国務長官特別顧問と協議し、共通基本政策の確保をはかることとする。

**六月八日**（水）

十二時、世界銀行総裁ランチ。カムデシューＩＭＦ（国際通貨基金）専務理事も同席。ブレトン・ウッズ諸機関との協力関係促進が議題。引き続き、二時、世銀・ＩＭＦ職員にＨＣＲの事業と開発援助との連携の重要性を講演。このようなフォーラムでの国連機関長官の講演は初めてとか。六時十五分、栗山尚一《たかかず》大使公邸でレセプション。七時三十分、国際人権法律家グループ年次大会。食後のスピーチ。本年度人権賞を授与される。

大至急ナショナル空港へ駆けつける。ボストン行きの最終便がキャンセルされたと知らされ、力尽きる。ホテルへ戻り電話連絡しきり。

**六月九日**（木）

七時三十分、始発便でボストンへ。空港からまっすぐハーバード大学卒業式へ向かう。校門で出迎えのスーザン・ファー教授の案内で壇上へ。私の席は、ブラックバーグ最高裁判事と、驚いたことにグレー大統領・国務長官特別顧問の中間、グレー氏との面会を試みていたので、好機を利用して壇上の協議。緊張と華やぎの卒業式。

十一年前、晴れ上がった初夏の同じ校庭で、長男の卒業式に臨んだことを思い出す。「学者、外交官、世界市民」としての名誉博士号授与に感激。祝辞は、卒業後二十五年ぶりに母校へ戻ったゴア副大統領による、ベトナム反戦でわいた一九六九年の卒業当時を回顧した示唆に富むメッセージ。

**六月十日**（金）

十時、ハーバード・MIT（マサチューセッツ工科大学）教員セミナー。研究課題として難民、人口移動問題などを提起。夕刻、旧友ヘンリー・ロゾフスキー教授宅へ立ち寄った後、二十一時二十五分、ボストン発ジュネーブへ。まさに駆け足の八日間。

**六月十二日**（日）

一時、ジュネーブ発。アフリカ統一機構（ＯＡＵ）首脳会議オブザーバー出席のためチュニジアの首都チュニスへ。夕刻、カルタゴの遺跡を散策。

**六月十三日**（月）

七時三十分、グラント・ユニセフ事務局長と朝食。十時三十分、開会式。議長国は、エジプトからチュニジアへ。注目の的は、ＯＡＵ復帰を果たしたマンデラ南ア大統領。激しい拍手でステートメントを終える。アラファトＰＬＯ議長の「さよなら」発言にも大きな拍手。チュニジアの仮本部からいよいよパレスチナの地へ帰還。会議ステートメントは、おおむね率直、現実的。ルワンダ情勢への言及、とくに殺戮を糾弾する声しきり。

午後、会議の合間に首脳との面談。セネガル、ケニア、アルジェリア、ジブチ、モザンビーク、エチオピア、ブルンジなど。とくにムウィニ・タンザニア大統領には、大量のルワンダ難民受け入れを謝し、近日中の同国訪問を約す。新しく選出されたムルジ・マラウイ大統領にも、モザンビーク難民の保護を謝し、帰還状況を討議。両大統領から、難民帰国後の環境修復事業を要請される。

七時三十分、ベンアリ・チュニジア大統領公邸のレセプション。パーティーの席上で、各首脳との懇談を重ねる。

**六月十四日**（火）

会議は首脳間のクローズド・ミーティング。待ちの多い一日。夜九時、マンデラ大統領との面会。祝意と期待を表明。三年近い協力関係だけに、大統領となったマンデラ氏を前に、軽い感動。

**六月十五日**（水）

午前、古代モザイクの収集で知られるパルド博物館見学。ルワンダ難民がブルンジ北部で殺害されたとのジュネーブ来電に接し、大至急ブルンジ大統領と面会。事実調査の協力を約す。一時、チュニス空港から帰途に向かう。

**六月十六日**（木）

十一時、定例幹部会で二週間の出張を報告。オスロのＨＣＲ・ＮＧＯパートナーシップ世界会議で採択された行動計画の実施。世銀・ＩＭＦとの新たな提携取り決めの具体化。ハーバード・ＭＩＴ研究者グループとの研究ネットワークづくり。アフリカ難民をめぐるＯＡＵ諸国とのいっそうの協力。フォロー・アップには事欠かない。三時、ボデンス・ホサング・オランダ大使（執行委議長）来訪。

**六月十七日**（金）

十一時三十分、デミンク・オランダ法務省出入国管理局長。十六カ国政府（難民と移民に関する）非公式会議の新任議長として、ヨーロッパのみならずアジアにおける人口移動――移民・契約労働者のみならず不法就労者・密入国者――問題を検討したいとの意向。十二時十五分、エバンス英国外務省国際機関局長。三時、BBCラジオ収録。三時三十分、ボアテン・ガーナ労働・社会福祉大臣、国内難民に対する緊急資金援助の要請で来訪。

**六月二十日**（月）

十一時三十分、ドイツ「ディー・ザイト」紙バートラム記者のインタビュー。ドイツ語版『世界難民白書』出版を控えての取材。三時、スボボダ・ジュネーブ国際関係高等研究所所長、講演依頼に来訪。

**六月二十一日**（火）

八時、デュッセルドルフへ。ドイツ政府出迎えのヘリコプターでボンの外務省へ直行。十時三十分、キンケル外相と会談。ボスニア情勢、和平、難民帰還の見通し、ドイツ国内の難民問題など、多くの議題。二時、ドイツ語版『世界難民白書』刊行の記者会見。五時、スプランガー経済協力・開発大臣。六時、ラムズドルフ日米欧委員会欧州委員長。七時三十分、ドイツ外交政策協会・国連協会主催の会合で難民問題とヨーロッパについて講演。終了後カール・カイザー教授宅で旧友と団欒。

**六月二十二日**（水）

早朝デュッセルドルフを出発。一時、在ジュネーブ欧州連合諸国大使の昼食会へ。すでに北欧諸国とオーストリア大使はオブザーバーとして出席。

**六月二十三日**（木）

十一時、定例幹部会。三時、非公式執行委員会で最近の難民情勢を報告。

**六月二十四日**（金）

十一時、サーモンHCRコミュニケーション課長。新しい建物のコミュニケーション設備を報告。テレビ会議施設も検討。

**六月二十六日**（日）

七時三十分、ミャンマー大使公邸で同国視察団のためのディナー。一行は、帰還難民受け入れ準備のため、HCRの肝煎でカンボジア、モザンビーク、南アを視察。国際的なNGOの配置で帰還・定住を促進したいと、とかく閉鎖的な同国としては政策転換を示唆する発言に注目。

**六月二十七日**（月）

十時四十五分、ミャンマー視察団。十二時、スーダン難民局長来訪。スーダンからエリトリアへの難民帰還計画をいかにして実現・促進できるか。三時、新しい建物のインテリアについての相談。

**六月二十八日**（火）

十一時、来年度『世界難民白書』出版のための準備会合。三時、ワレス財務部長以下全部員と会合。システム化の目的と作業経過についてのブリーフ。五時、ルワンダとブルンジへ出張するムサリ前法務部長と会談。六時、カナダ国際開発庁ラベル総裁来訪。新政権下の援助政策、とくに人道援助を説明。

**六月二十九日**（水）

八時五十分ジュネーブ発ロンドンへ。ホテル到着と同時にBBCのインタビュー。十二時三十分、藤井宏昭大使との昼食席上、村山内閣の成立を知る。日本の政情の急変に戸惑う。四時三十分、ハード外相訪問。話題はボスニア情勢の見通し、続いて記者会見。六時、ランカスター・ハウスにおいて、外相・国防相共催、サラエボ空輸二周年の式典に臨む。史上最長となったサラエボ空輸の人道的意義を強調し、多数の協力者に謝意を述べる。初期のHCR空輸室に勤務した空軍調整官からパイロット、ボスニア国連軍司令官として多くのエピソードを残したフィリップ・モリヨン将軍（フランス）まで、多数の旧知に遭遇。いつまで続くかサラエボ空輸。

**六月三十日**（木）

八時三十分ヒースロー空港発ジュネーブへ。十一時三十分、定例幹部会へ直行。四時、人事部長。八時、ニューヨーク転勤のジェセン・ピーターセン渉外部長の送別会。

**七月一日**（金）

十時三十分、マクナマラ、ジェセン・ピーターセン新旧渉外部長との協議。十二時三十分、戦火のエデンから帰任したザカニンHCR代表の報告。OAUベニシド大使よりブルンジにおける監視活動のための機材の貸与など、協力要請。

**七月四日**（月）

三時、「ニューヨーク・タイムズ」紙、難民問題特集取材のダルトン記者。五時、キューバ大使、ハイチ難民のグアンタナモ基地使用に異議申し立て。

**七月五日**（火）

国際平和アカデミー主催、「紛争と平和維持活動」セミナーで基調講演のため、ウィーン日帰り旅行。

**七月六日**（水）

十時、欧州連合モスタル市行政長官に新任のコシュニック元ブレーメン市長来訪。三時、旧ユーゴスラビア国際会議運営委員会。オーエン共同議長の近況報告に出席。

**七月七日**（木）

三時、久々に旧ユーゴスラビア人道問題会議を招集。ボスニア政府が難民の帰還を推進する会合をしきりに開催することもあり、ＨＣＲとしての難民帰還政策の原則と対策を明らかにすることが目的。難民が安全な地域への帰還を希望する場合、交通手段の提供を含め、支援を与えることにやぶさかではないとしつつも、ボスニア各地はおおむね不穏な情勢であるとし、慎重な対応を要請。ただし、情勢の把握を目的としたインフォメーション部会をつくることを提案、現実的な取り組みをすすめる。欧州各国は、ボスニア難民の「一時保護」を約束しているものの、情勢が許せば帰還を急がせたいのが本心。難民の保護を任務とするＨＣＲの難しい立場。

**七月八日**（金）

十時、タンザニア訪問の打ち合わせ。三時、旧ユーゴスラビア援助方針（一九九四年後半〜九五年）の部内協議。

**七月九日**（土）

夕刻、ジュネーブ発。

**七月十日**（日）

七時十分、ダルエスサラーム到着。ホテルでシャワーを浴び、九時、小型機で約二時間後、ウンガラ着。飛行場とは名ばかりの一本の赤土の滑走路。援助機関関係の小型機が五、六機。タンザニア州政府代表やHCR職員に迎えられ、ただちにデコボコ道をキャンプに向かう。

ベナコ・キャンプには約十九万の難民。見渡すかぎりのキャンプ。区画整理が行われているのか、整頓された印象。NGOによる浄水装置。医療設備にも感心。四月末、二十五万のルワンダ難民の流出に苦慮したが、HCRの緊急援助チームの早期配置と効果的調整、数多くの国際機関やNGOの協力が功を奏し、モデル・キャンプ運営との評価も。ただし治安に問題があるため、キャンプの部分移転も含めた過密状況の緩和、タンザニア警官の配置を求められる。

帰路の飛行機は三時間。七時過ぎダルエスサラーム着。強行軍で一同ぐったり。

**七月十一日**（月）

九時、ムレマ副首相。十時、ルウェガシラ外相。十一時、ムウィニ大統領表敬。夕ンザニアは、難民を流出することなく、数多く受け入れているアフリカ随一の国。寛大な対策に深謝。ルワンダ政治情勢につき突っ込んだ意見交換。午後、外交団、国際機関・NGO関係者、HCR職員と会合を重ねる。

**七月十二日**（火）

八時五十分、ダルエスサラーム発、ジュネーブへ帰る。

**七月十三日**（水）

九時三十分、副高等弁務官、官房長らとの定例協議。前夜、タンザニアから帰寿。RPF（ルワンダ愛国戦線）によるキガリ制圧が伝えられる中、情勢分析に専念。十一時、ルワンダ北西部を視察したベラミHCR職員より、RPFの進攻を恐れ、大量の人々が家財道具を手に、西へ西へとザイール国境へ向け動き始めたとの第一報。三時、ブラター・アジア部長、インドシナ難民救済の検証史プロジェクトを提案。ただちに快諾。

**七月十四日**（木）

九時、久々のフランス語。十時三十分、南ア内務省コリン局長来訪。十一時、幹部会。三時三十分、ド・リードマタン・スイス大使を訪問。新しいビル移転に際し、同国政府の格別の配慮を要請。五時、ルワンダに関する部内協議。ルワンダ北西部からザイール・ゴマ市へ十万人が越境、間断なく後陣が続く。HCRゴマ事務所の補強、緊急援助チームの派遣を決定。

**七月十五日**（金）

十時十五分、来年度『世界難民白書』出版の打ち合わせ。十二時、ゴマ情勢の悪化に対応するため、在ジュネーブ各国代表部によって構成される人道問題ワーキング・グループ緊急会合の四時招集を決定。四時、金曜の夕刻にもかかわらず、米、英、日、スウェーデン等々、多数各国大使の出席を得る。ゴマへ、一時間約一万人の割合で越境が続いている現状を説明。HCRは、五十万人分の救援物資を周辺地域に備蓄しているものの、輸送手段を欠く。各国に空輸、給水援助の要請。

七時三十分、自宅へ帰ると、スピーゲル米国大使より電話。ワシントンより積極的な支援の確約。すばやい反応に力づけられる。

**七月十六日**（土）

夕刻、RPF軍によるギセニ陥落。ゴマには推定百万の難民が到着、市内は立錐の余地もないとの情報、三日間に百万人の難民流出。速度・規模とも最高記録。

**七月十七日**（日）

午前中は電話、正午出勤。情報収集と緊急対策で事務所はざわめく。モリス計画・

活動支援部長はただちに現地へ向け出発。

**七月十八日**（月）

九時三十分、副高等弁務官、官房長らとの定例協議。ゴマ状況を議論。同市は人口過密で食料の配布もできない模様。市内から数十キロ離れたキャンプ予定地まで歩かせる他なし。三時、「東京新聞」大橋正信記者の取材。

**七月十九日**（火）

終日、来客しきり。五時、ルワンダ情勢討議。ＨＣＲは、ゴマ地域難民に対応する能力なしと判断。各国に「空輸」、「空港管理」、「給水管理」など、八つの援助サービス・パッケージを提示、支援を要請することとする。キガリでは、新政権が樹立。

**七月二十日**（水）

十一時、チェフェケ・アメリカ部長、ハイチ難民状況を報告。三時、法務部部員会議に出席、全部員と意見交換。五時、九月のカイロ人口会議対策打ち合わせ。ブトロス＝ガリ事務総長に電話。難民帰還準備と、国内避難民支援のため、ルワンダ国内で活動展開の方針を伝え、同意を求める。ゴマ・キャンプへの空輸に、サラエボ空輸室を拡大、調整にあてることとする。

**七月二十一日**（木）
十一時、幹部会。三時、九月開催予定のＯＡＵ・ＨＣＲシンポジウムの打ち合わせ。三時四十五分、ユーゴスラビア大使来訪。引き続き、旧ユーゴスラビアに関する部内協議。

**七月二十二日**（金）
十時三十分、スピーゲル米国大使、ボスニアとルワンダ情勢協議に来訪。十一時三十分、ジュネーブ発パリへ。四時、バラデュール首相訪問。仏はルワンダ内同国保護地域におけるＨＣＲの活動展開を強く希望。同夕八時四十五分、パリ発ジュネーブへ戻る。

**七月二十四日**（日）
十時三十分、ルワンダ対策部内協議。

**七月二十五日**（月）
十一時、スピーゲル米国大使。十二時、ＨＣＲピータース・ケニア代表の赴任挨拶。三時、カーネギー国際平和財団プロジェクトでソラーズ元米国下院議員来訪。四時、ＨＣＲクリストファソン・ウガンダ代表の赴任挨拶。四時十五分、フランコ法務部長。夜、帰国の三田村秀人顧問の送別会。

**七月二十六日**（火）
十二時、在欧米軍司令官ハンラン陸軍大将、在ナポリ南部欧州連合軍司令官スミス海軍大将ら一行来訪。ボスニアに加え、新たに展開するルワンダ支援活動を協議。三時三十分、副高等弁務官と査察制度導入計画を討議。週末に、ルワンダ・ザイール訪問を決定。

**七月二十七日**（水）
十二時、ファクリ中東部長代行、ベネズエラで拉致されたイラン人庇護要請者の取り扱い検討。三時、医務室で予防注射。三時三十分、スウィフト・アイルランド大使、ルワンダ難民救援のための同国軍派遣を申し出。四時、ソマルガ国際赤十字委員会総裁来訪。両機関の関係強化を協議。

**七月二十八日**（木）
十一時、幹部会。午後、マルタ、コスタリカ各国新任大使の表敬。

**七月二十九日**（金）
四時三十分、ルワンダ視察帰路のハンセン事務次長（人道問題担当）来訪。諸機関の活動の情勢説明を受けた後、八時四十分、パリ経由、ナイロビへ。

**七月三十日**（土）

ナイロビ空港で借り上げのセスナ機に乗り換え、十二時三十分、キガリ空港着。カーン事務総長特別代表、ダレール国連軍司令官、ルワンダ政府代表者の歓迎を受け、宿舎ホテル「ディプロマット」へチェックイン。水は汲み置き、電気は夕刻数時間。それでもシーツは洗濯済み。ただちに国連軍本部でブリーフィングを受けた後、三時三十分、カガメ副大統領兼国防相表敬。難民帰還を歓迎すると同時に、虐殺者処罰の重要性も強調。四時三十分、トワギラムング首相表敬。ルワンダ難民流出は史上五回目。HCRとは長い付き合いと認めた上で、今後の協力を要請。ようやく人通りの見られる市内各地の破壊ぶりを視察。

**七月三十一日**（日）

七時三十分、HCR事務所で所員と朝食。金庫以外は略奪にもあわず、すべてのファイルは健在。八時三十分、在キガリ国連機関およびNGO代表者と会合。九時三十分、ビジムング大統領表敬。情勢分析はきわめて明快。帰る住まいのない長期難民の定住策につき、とくに支援を要請される。十一時、キガリ空港でペリー米国防長官一行と短時間会談。援助サービス・パッケージを複数引き受け、ゴマ、エンテベ、キガリに展開中の米軍支援を感謝。十二時、ジープ三台に分乗、国連軍の誘導で百五十キロの舗装道路をゴマへ向かう。畑にも民家にも人影なし。ギセニ市に近づくにつれ、帰路をたどる人々に出会う。途中、メデサン・サン・フロンティエ（国境なき医師団）の診療所一カ所、国際赤十字の食料配布現場に立ち寄る。夕刻ゴマ着。ただちにザイール・北キヴ州政府を表敬し、ザイール副首相、州知事に協力を深謝。

**八月一日**（月）

八時、米軍によるキヴ湖の浄水作業現場を見た後、仏軍へリコプターでカタレ・キャンプを視察、見渡すかぎりの難民。鬼押出しを思わせる岩盤の上のキャンプ。コレラ病棟では、ようやく給水が届き、死亡率が低下しはじめたと聞いてホッとする。八百人からの孤児センターは心痛のかぎり。国際機関のみならず、付近住民も奉仕。キャンプ内は、食料の配布も進み、死体埋葬もほぼ完了。キブンバ・キャンプにも立ち寄った後ゴマへ帰り、記者会見のあと、ナイロビ経由、ジュネーブへ。

**八月二日**（火）

十一時、ルワンダ拠出会議で状況を報告、各国に支援を訴える。対応しきれないと考えたゴマ難民であったが、各国政府・民間を包含した協力で、わずかながら前途に明るさが出てきたとの感触。

# Ⅱ　国連難民高等弁務官の十年

UNHCR／P.Moumtzis

水の供給を受けるイラクの帰還難民。1991年11月

# 国連難民高等弁務官着任一カ月◇一九九一年

## 湾岸戦争さなかに着任

湾岸戦争さなかの二月十七日にジュネーブに着任してから、一カ月が過ぎた。国際機関に新しい長官が赴任した際のさまざまな慣例に従った多忙なスケジュールが、私を待っていた。

戦争の状況のもととはいえ、着任の第一歩は挨拶回りである。まず初日には、国連難民高等弁務官事務所の職員との会合が用意されていた。シニア・マネジメント・コミティー（幹部会）とスタッフ・カウンシル（組合）代表の歓迎である。数日後には、ジュネーブに勤務している全職員五百名余りの総会が開かれ、挨拶をかねた抱負を述べることとなった。このステートメントは、即日全世界百カ所以上にある在外事務所の千五百人の職員に伝えられたという。

対内的な挨拶と並行して、対外的な表敬も急がなければならない。マーチンソン国連欧州本部事務局長に始まる各国際機関訪問、さらに難民高等弁務官執行委員会議長であるナイジェリア大使と同副議長をつとめるオーストリア大使、さらに西側諸国によって構成されている人道問題連絡作業グループ議長のオーストラリア大使を訪ねた。その他の各国大使については、地域グループ別に会合の機会をもうけるよう依頼し、パレ・デ・ナシオン（欧州国連本部）内で懇談形式で挨拶をすませた。各国常駐代表を全部訪問することはとてもできないし、選択すればプロトコール（外交儀礼）上の問題が起こるからとの配慮の結果と思われる。国連加盟国ではないにもかかわらず、ホスト国であるスイスの大使には表敬に出かけた。ホスト市のジュネーブに着いて、市役所の一隅にある由緒深いアラバマの間でジュネーブ県閣僚と市長を交えた歓迎会に臨んだ。

その間、各国の常駐代表も次々と訪ねてこられた。先頭切って見えたのがアメリカのエイブラムス大使である。同氏はブランダイス大学総長をつとめた民間出身の有力者で、簡潔で的をついたコメントで当地ではならした存在である。祝辞を述べるとともにあらゆる支援を惜しまないことを約して早々に引き揚げられた。ちなみにアメリカは難民高等弁務官事務所に対し、毎年一億ドル以上にのぼる突出した拠出を続ける国である。アメリカ大使を筆頭に、ヨーロッパ、アジア、アフリカ、ラテン・アメリカの二十五カ国以上の大使が、あるいは表敬、あるいは用事をかねて訪ねてこられた。訪問を受けるに先立ち、来訪者の略歴やその国の難民支援実績をとりまとめたブリーフを毎回与えられ、私はいわば予習を強いられるのである。

挨拶回りに専念していた第二週、早くもデクエヤル事務総長から招集がかかった。湾岸戦争の終焉《しゅうえん》をひかえ、国連人道援助諸機関の代表による対策会議がニューヨークで開かれることとなったのである。一月初旬以来、国連諸機関は他の国際機関や民間団体とともに湾岸人道行動計画のもと、それぞれの役割分担を定め、協力体制を維持してきた。湾岸戦争の新たな展開が予想されるなかで、従来の計画を見直し今後の対策づくりが必要とされた。また、イラクとクウェートへの人道援助調査ミッションの派遣も決められた。新参者の私が、大変緊張して事務総長司会の政策会議に臨んだことはいうまでもない。

## 一週間に三件の緊急事態が発生!

ジュネーブへ戻った第三週目からは、事務所内各部局のブリーフィングが始まった。難民高等弁務官事務所は、五つの地域局と、法務、財務、人事の三部、そして高等弁務官官房から成り立っている。各部局によるブリーフィングにはそれぞれの担当官を交え、かなり綿密にとりすすめられた。全部局のブリーフィングが終わったのは、イースター休暇直前の三月二十八日であった。

しかし、どのようなブリーフィングにもまして難民問題への理解を深める契機となるのは、緊急事態への対応である。たまたま着任後四週目の三月中旬、一週間に三件の緊急事態が生じた。第一は、湾岸戦争が停戦に向かうなかで、イラク国内の内乱を逃れてイランおよびトルコへ越境する難民が急増したことである。すでに湾岸戦争では多くの避難民が流出し、彼らを本国へ返すための援助が続けられたが、本来の意味での難民の本格的な発生が顕著となったのは、実に三月中旬からである。難民高等弁務官としては、とくにイランにおけるクルド難民受け入れ準備を強化し、キャンプの設営、人員や物資の再配置など、新たな対応を迫られた。

第二には、悪化の一途をたどるエチオピア救済問題であった。エチオピアに飢餓の兆候が見られることは広く伝えられているが、実は隣国であるソマリアの内乱に影響されて、一方では同国に逃れていた二十万のエチオピア難民の帰国と、他方では緊急避難を求める十五万のソマリア難民の流入に大至急備えなければならなくなった。食糧供給、輸送、帰還促進等々の手筈を整えた上で、各国政府に対し千八百万ドルの緊急アピールを出すことが決められた。日本政府がさっそく八百四十万ドルの拠出を表明したのは、私にとって心強いかぎりであった。

第三の緊急事態は、船に乗って大挙イタリアへ向かったアルバニア難民の救済であった。事務総長の任をうけてすぐにミッションを派遣し、アルバニア政府に対しては難民保護の法的措置を遵守し、帰国するアルバニア人を処罰せずに受け入れるよう説得しなければならなかった。また、突如、庇護国となったイタリア政府とも密接な連絡を保ち、救済と支援にあたることとなった。アルバニア国内の沈静をはかるために、緊急物資を満載した飛行機をティラナに送り、さらに帰還後のアルバニア人の保護を見守るための職員の派遣も決定された。

三つの山場を乗り切った時、スタフォード副高等弁務官は私を励ますためか、「これからも緊急事態は起こるでしょうが、同じ週に三つも重なることはめったにありませんよ」と保証してくれた。彼の言葉はさておき、世界的な地殻変動が続く限り、難民の続出は覚悟しなければなるまい、というのが着任一カ月余りの私のいつわらない実感である。

# 難民・国内避難民・経済移民◇一九九一年

## 既存の国際緊急援助システムの限界

一九九〇年代の世界は、まさに難民の大量流出対策に迫られている。本年（一九九一年）二月、私が国連難民高等弁務官としてジュネーブに着任してから五カ月の間に、難民は一挙に二百万人も増加して、千七百万人を超えるに至った。イラクのクルド難民、エチオピア難民の激増は既存の国際緊急援助システムの限界を露呈するとともに、難民保護の諸原則についても、新たな問題を提起している。

クルド難民の場合、まず流出の速度が早く、四月五日からの数日間に百七十万〜百八十万人がイランとイラク・トルコ国境地帯へ逃れるという、短期間の大量流出としては記録的な数にのぼったことが、救援を遅らせる結果を招いた。イランは国境を開いてクルド難民を迎え、百万人を超える難民の対応に苦慮した。私自身イランへ赴き、難民キャンプを視察し、イラン政府との間で物資の補給、人員の派遣と活動に関する取り決めを交わした。難民流出に際して、周辺諸国は彼らを受け入れ、国連難民高等弁務官は、庇護国に対し救援を動員するというのが、難民をめぐる国際人道体制の原則である。このような観点から、イランの対応は模範的なものと評価された。

ところが、自国のクルド人対策に追われているトルコは、イラクからのクルド難民の大量入国を容易に認めようとはしなかった。このような流入は、トルコにとっては安全保障上の危機と把握したからである。トルコへ逃れようとしたクルド難民は、地形にも阻まれ、飢えと寒さに苦しみながら山中に追い込まれた。クルド難民に対する人道的配慮と、NATO（北大西洋条約機構）加盟国であるトルコの安全保障への対応にこたえるためのギリギリの選択が、米欧軍による「安全地帯」設置政策となったといえよう。その結果、山岳地帯に追い込まれたクルド難民は、米欧軍の保護のもとに山を離れ、帰還の途につきはじめた。

## イラク領土内でイラク国民を保護する

この間、米欧軍の難民救済に呼応して早急に「安全地帯」内で難民を保護し救済することを求められた国連難民高等弁務官としての私は、苦渋に満ちた選択を強いられた。それは、第一には、イラク領土内でイラク国民を保護するという課題に直面したからである。自国にある国民に対して、国際的な保護を与えること、つまり国家主権に介入する行動に出ることは、現在の国際難民保護体制の枠組みを大きく踏み出ることと考えられた。

第二の問題としては、国境を越えて流出してこそ国際的な保護を必要とする難民が生じるのに、国境にそった「安全地帯」にある人々を難民と定義づけられるかということであった。このような根本問題に直面しながらも、彼らの保護と救援にあたることを決めたのは、まさに人道的な配慮からであった。山岳地帯のクルド人を平地に連れもどし、希望者を帰還の途につけることが最優先課題と認識したからである。

米欧軍による「安全地帯」が設置されると、百万人にのぼる難民が帰り始めた。記録的に急速な流出から、今度は、記録的に早い帰還が始まった。むろん、帰還者がすべて自分たちの村や町へたどりついたのではないが、彼らは家路に向かってキャンプやトランジット・センターなどの人道施設で救済を受けているのである。当初これらの施設の運営には米欧軍があたっていたが、次第に国連難民高等弁務官のスタッフが引き継ぎ、六月七日以降北イラクのすべての施設の運営の責任をとるに至っている。

イラクにおける難民救済活動には異例な側面が多い。人道救援活動を軍から引き継いだこと。イラク国内においてイラク国民の保護と救済にあたっていること。したがって彼らの安全を確保する目処がなかなか立たないことなどである。

## 国内避難民と経済移民

現在、国連難民高等弁務官事務所が行っている大規模な緊急援助活動は、クルド難民とエチオピア難民に対するものである。とくに後者の場合、隣国のソマリアとスーダンも内乱が続き、両国からの難民が百万、両国へ流出していたエチオピア人の帰還者が三十五万六千（一九九一年五月三十一日現在）と複雑な様相を呈している。今後とも、食料や安全を求めて国境を越える人々の数は予想もつかず、とりあえず空輸作戦による人命の救援が続けられている。エチオピアには、国内において流民となっている二千万以上と推定される人々がいるが、彼らに対する救援も必要となっている。

今後、難民問題の課題として、第一に取り組まなければならないのは、エチオピアにみられるような「国内避難民」に対する救援体制の確立である。国境を越える難民には国際的な保護と救援のシステムがある。避難民については、法的にも組織的にもなんらのルールも合意されていない。避難民の数の大きさ、状況の多様さ、国家責任の複雑さが解決を阻んでいるが、問題が深刻なだけに早急な対応が求められている。

いま一つ急がれるのは、いわゆる「経済移民」への対応である。このところ欧州諸国へは亡命申請者が急増し、EC十二カ国の場合、一九八〇年代前半には五万人前後であったのが、一九八九年には二十五万人近くにのぼっている。東欧、中東、北アフリカ諸国からの難民圧力に対して、欧州諸国は難民資格審査を強化するなどにより、「真の難民」と、経済的な理由から入国を求める移民ないしは外国人労働者の識別に力を注いでいる。

中長期的には、大量の亡命申請者の出身国における政治的経済的改革のみが現在の流出に歯止めをかけるものであろう。とはいえ、「経済移民」に対するきびしい拒否反応は、欧州諸国における人道主義の崩壊をもたらすものとの危惧も深い。いまや西側先進諸国に求められているのは、包括的な難民・移民政策を早急に打ち出すことであろう。

クルド難民は、難民問題の重要性を国際社会に喚起する結果をもたらした。これを契機に、大量化した難民に対する保護と救済の諸方途が、あらためて広く問い求められることを期待してやまない。

# カンボジア和平の課題◇一九九二年

## 最大の難関は地雷

カンボジア和平協定が調印されて三カ月、難民の帰還準備はようやく緒についたところである。一月中旬、私はタイ、カンボジア国境の難民キャンプを訪れた後、カンボジア国内に建設中の難民受け入れセンターや定住予定地を視察した。私とカンボジア難民との出会いは十三年前の一九七九年秋、日本政府派遣のインドシナ難民救済視察団団長としてタイへ赴いた時に始まる。国境沿いのサケオやバン・ノン・サメットを訪れ、見渡す限りのかやぶき小屋と、栄養失調や疫病にかかって生気のない顔色の人々を眼前に、どこから救済の手を差しのべたらよいかと呆然としたのが、昨日のことのように思い出される。

今やタイ国境沿いの難民キャンプには、栄養失調者も、はだしやはだかの子どもも見られない。そこには、タイ軍に守られ、国際社会の救援に支えられた、それなりに安定した生活が繰りひろげられていた。ただ、長年の内戦の惨禍を示すのは、キャンプの各所で見かけられる片足を失った人々である。地雷の被害者は、タイ側の難民キャンプで五千人、カンボジア内では三万五千人と推定されている。しかも、まだ百万とも二百万ともいわれる残存地雷は、カンボジアへの安全な難民の帰還に立ちはだかる最大の難関である。

帰還にまつわる多くの危険にもかかわらず、難民の故郷への思いを裏打ちするかのように、各キャンプでは出発集合地の建設が進められていた。毎日千人の出発を想定したかやぶきの宿舎と、バスやトラックの発着地は、難民の手ですっかり用意が整えられていた。国境沿いの最大のキャンプである「サイト2」難民の総数は二十一万人。プノンペンにつぐカンボジア第二の都市ともいえる。毎日毎日、順調に帰還が続けられたとしても、七カ月以上の日程を組まなければなるまい。

## 難民の定住地確保へ

カンボジア国内の受け入れ準備は、まず地雷撤去の手配と、帰還難民の定住地探しから始められた。地雷については、国連安全保障理事会が一月初旬、国連カンボジア先遣隊（UNAMIC）に地雷の除去作業の任務を与え、タイが八百人の兵員を国連に派遣して直接除去にあたることとなったため、やや曙光《しょこう》が見えるようになった。しかし、難民の帰還する幹線道路から始まり、難民受け入れセンターの周辺、さらに定住地へと、除去作業の道のりはまだまだ遠いといわざるをえない。定住地の確保についても、まず空中からの写真撮影に始まった選定作業は、今や州知事や村長の協力を得ながら続けられている。

カンボジア国内の視察は、UNAMIC軍のヘリコプターの提供によって行われた。UNAMICの輸送にはフランス軍があたっている。本部はプノンペンに置かれているが、国内数カ所に支部が設けられ、各国から派遣された監視団が警戒にあたっている。難民の帰還がもっとも集中すると予想されているバタンバン州では、二カ所の受け入れセンターが建設中であった。受け入れセンターもまた、一日千人ずつの到着を想定してつくられているが、ここでは帰還者は一週間から十日間くらい滞在し、最終定住地へ向けての出発の準備を行うこととなっている。ここで、住居をつくるための資材、農機具、種子、さらに食料が支給されることになっている。私どもの国連難民高等弁務官事務所（UNHCR）は、難民が定住地に着いてから一年ないし一年半の期間、食料を与える計画を立てている。開墾から最初の収穫までを見積もっての最低の保証を試みるもので、これが不安だらけの帰還の、せめてもの安定要因となるよう期待している。

## 井戸を掘りあてて歓声をあげる

バタンバンの受け入れセンター視察中に、うれしい出来事に遭遇した。井戸掘り機が水を掘りあてたのである。もうもうと赤土の砂煙をたてながら建設トラックが走り回る中で、大きな掘削機から水が噴きあげた瞬間、私たちは思わず歓声をあげた。一日に七・二トンの給水が予想される水源だという。ただ、同州に建設中のいま一つの受け入れセンター周辺では水源はまだ見つかっていない。周辺に水がないと、トラックによる給水に頼らなければならず、経費はかさむし、道路も破壊される。

カンボジアの内戦に幕を引く大事業の前途には多大な困難がある。その成否は、国外から帰還する難民、国内において住居を失った避難民、あるいは武装解除される復員兵が、定住地を見つけ、新たな生活の基盤をつくることができるか否かにかかっている。ＵＮＨＣＲの責任も、難民を安全に帰還させることと同時に、これらの人々が定住への第一歩を踏み出すことを見とどけることにある。

# 冷戦後の世界と難民◇一九九二年

## 不安定な時期の始まり

物、金、情報が、世界的な規模で自由に動く中で、このところ国境を越える人間の流れが、国際社会の大きな関心事となっている。

一昨年（一九九〇年）夏、イラク軍のクウェート侵攻で始まった湾岸戦争は、両国の国民だけではなく、この地域に出稼ぎに来ていた外国人労働者の実態を浮きぼりにした。湾岸地域には五百万人以上の労働者がいたと推定されるが、そのうち約百万人が避難民となって帰国の途につかなければならなかった。

湾岸戦争が収拾をみると、今度はイラク国内で蜂起したクルド人に対するイラク軍の弾圧を逃れ、四月初めには百七十万～百八十万人といわれるクルド難民が、イラン・

とイラク・トルコ国境地域に流出した。また、その後、東欧では、民族問題で揺れるユーゴスラビアから欧州各国へ難民が逃れたほかに、六十万人以上の人々が国内で難民化した。旧ソ連内においても、各民族間の緊張関係は多くの人々の流出を招き、とくにアゼルバイジャンとアルメニア民族間には、武力衝突が繰り返されている。

最近におけるこれら一連の出来事は、冷戦の終焉が、新たな国際秩序の樹立をもたらすのではなく、むしろ地域紛争や民族対立が繰り返される不安定な時期を招来させていることを示唆するものと思われる。人間の移動、とくに難民の動向に焦点をあてると、三つの顕著な兆候が見られる。第一は、冷戦の終焉とともに、地域ないし国内紛争が解決に向かい、その結果、国外にいた難民の故国への帰還が大幅に進展すること。第二は、長年にわたる米ソ対立によって抑制されていた民族的対立が国家の崩壊をもたらし、新たな難民の発生を触発すること。第三は、政治不安と貧困から逃れようとする難民や移民が西欧諸国へ大量に移動することである。これらの流れに国際社会がどのように対応できるかが、今後の国際秩序の帰趨《きすう》を制する鍵となろう。

## 帰還・再定住・復興

第一にあげた難民の故国への帰還は、現在、世界全体で千七百万人と推定される難民の問題解決につながるものとして重要である。現在、二十カ国にものぼる国々で紛争の解決と国民の和解をめぐる種々の交渉が行われている。トップを飾ったのは昨年末に始まった南アフリカ共和国の政治亡命者の帰還である。アパルトヘイトの政治的、経済的な弊害が人種和解へと政策の転換をもたらした最大の原因ではあったが、冷戦が終わり共産主義の脅威が減少したことも反対勢力との妥協を容易にしたことを見逃すことはできまい。

南アへの政治犯の帰還は、同国社会の対立緩和をもたらすばかりでなく、南部アフリカ地域全般にわたって、紛争の解決促進につながるものと期待される。ちなみに、左右の対立が続いていたアンゴラにおいても和平が成立し、近く三十万人にのぼる難民の周辺諸国からの帰還と、国連による選挙の実施、新政権の設立が予定されている。また同様に内戦の続いていたモザンビークについても、政府とモザンビーク民族抵抗運動（RENAMO）との間で和平交渉が続けられており、これが成立すれば百万人以上の難民が、マラウイなどから帰国する日も期待されよう。

アジアにおける冷戦の終焉をもっとも端的に示しているのが、カンボジア和平の成立と、国連カンボジア暫定統治機構（ＵＮＴＡＣ）のもとに進められる自由選挙実施を含めた安定政権樹立の準備である。十二年間以上にわたってタイ・カンボジア国境にいた三十五万人の難民の帰還は、新生カンボジアを築くための最初の大事業である。カンボジア難民の帰還が容易でないのは、紛争四派の対立が複雑に影響しているためばかりではない。長年の内戦は、同国内に無数の地雷を残し、難民高等弁務官事務所としては、地雷原の中でどのようにして難民を無事に帰国させることができるかと苦慮を重ねている。

内戦はカンボジア経済を疲弊させた。自国へ戻った難民は、今後は自国に残った人々とともに苦しい祖国の再建に加わることとなろう。このような中で、難民高等弁務官の任務は、難民のための帰還地を選定し、農地の開墾を支援し、定住のための第一歩を実現することにある。

内戦後の疲弊した故国への難民帰還は、帰還（Repatriation）、再定住（Resettlement）、復興（Reconstruction）という三つの段階を経てはじめて成就するものである。そのためには、国連諸機関および各国政府も、この三つの過程を包含した援助プログラムを組むことが、難民帰還を地域の安定と発展に結びつける上できわめて重要である。

大規模な難民帰還は、さきに述べたアンゴラ、モザンビーク、カンボジアのほか、六百万人以上にのぼるアフガン難民、三十万人と推定されるエリトリア難民、七十万人におよぶリベリア難民などが挙げられる。一九九二年は、難民高等弁務官にとっては「難民帰還の年」となることが期待されているが、帰還事業が政治的にも経済的にも順調に進展すれば、今後の世界秩序の安定に大きく寄与できることになるのである。

## 民族主義の噴出

ところが、第二にあげた民族主義の高揚による国家の崩壊は、新たな難民問題の発生をもたらすものとして、多くの危険をはらんでいる。最近における旧ソ連および東欧諸国の状況は、長年にわたる共産党の支配下における自由の抑圧と経済の停滞に対する反発に起因するところが大きいとはいえ、その根底にはこれまで抑え続けられて来た民族主義の噴出がある。ユーゴスラビアの場合、スロベニア人、クロアチア人、セルビア人、アルバニア人等が各共和国にまたがり複雑に混在しているため、民族別に国境の線引きを行うのは非常に困難であることはいうまでもない。

クロアチアにおける内紛が拡大した際には、難民高等弁務官事務所は、ハンガリーへ流出した約四万人の難民を援助すると同時に、同国内において難民化した約六十万人に対する食糧援助を開始した。ユーゴスラビア内の各民族を、各自の自由意志を忖《そん》度《たく》しながら安全な地域に帰還させたり再定住させたりする活動が、はたして順調に進められるかどうか、まったく予断は許されない。

今後ともユーゴスラビアに見られるような国家の崩壊が広がって行くのであろうか。旧ソ連においては各共和国が独立を果たしたが、各共和国の民族構成には複雑なものがある。多民族国家が分裂し、純粋な国民国家の樹立を求める民族主義が台頭すると、その国内にある少数民族は迫害を受け、国外へ追放され難民化する恐れが大きくなる。ナゴルノ・カラバフ自治州の帰属替え要求に端を発したアルメニア人とアゼルバイジャン人の抗争は、本格的な地域紛争の危険をはらむと同時に、大幅な難民流出の可能性を有している。

旧ソ連・東欧諸国に限らず、アフリカにおける部族対立は、ソマリアに見られるような国家の消滅状況すら来しているし、またアジアにおいても、少数民族に対する弾圧はミャンマーからのイスラム系難民のバングラデシュへの流出に現れている。国家と民族との調和をどのように維持して行くか、また少数民族の保護を確保し、難民化をいかに防止するかということに、冷戦後の国際秩序の安定はかかっているといえよう。

### 判定が難しい経済移民

さらに、第三に掲げた西ヨーロッパ諸国への人間の移動は、受け入れ国や社会の激しい拒否反応を招き、いまや西ヨーロッパの最大の関心事となっている。ここ数年、西ヨーロッパ諸国に庇護を求めて来る人々の数は、一九七〇年代及び一九八〇年代には年間平均でおのおの約三万人、約四万人であったのが、一九九一年には五十七万人と記録的な増加を示している。

なかでも、ドイツへの庇護申請者が増え続け、一九九〇年には十九万三千人と、全西ヨーロッパの四三パーセント以上となっている。その上ドイツの場合、東欧、ソ連からのドイツ系の人々の移住もあったため、外国からの難民・移民の大量流入に反発して、外国人排斥や難民センター襲撃等の不穏な状況が生まれている。このような庇護申請の急増に対して、西ヨーロッパ諸国は、彼らが本当に難民かどうかを審査する資格認定制度を強化している。冷戦時代には、もろ手をあげて歓迎された庇護申請者は、今では厳しく資格が問われ、「迫害を受ける恐れ」があって出国したのではないと判断されると申請が却下される。

このようにして続出するいわゆる「経済移民」あるいは「非難民」に対する西ヨーロッパ社会の風あたりは強く、各国ともどのようにして効果的な出入国管理制度を確立することができるかと、工夫を重ねている。安全と豊かさを求めて、ベトナムから香港へ、アルバニアからイタリアへ、さらにハイチからアメリカへと海を渡るボート・ピープルこそ、このような人間の流れが大量化した際の危機的状況を象徴するものである。

難民に焦点をあてて人間の移動を見ると、冷戦後の国際社会の不安定な側面が浮きぼりにされて来る。このような趨勢《すうせい》を安定化へ向かわせるためには、国際社会の結束した協力が必要となろう。楽観的な兆候としてあげられた難民の帰還についても、帰還、再定住、復興の前提となる安全の確保や資金の供与が行われなければ、彼らが再び故国を離れ、再難民化する道をたどらないとは限らない。また旧ソ連や東欧に見られる国家の崩壊、あるいは西欧諸国への人間の移動についても、しょせん人間の流出の原因となる国々の政治・経済の安定をはかる以外の道はないであろう。難民化の予防も、また解決も、人間の流出国の改革、発展をおいてほかに処方はないのである。

最後に、経済援助、人道援助ともに主要な役割を果たしている日本が、難民化の防止をふまえた効果的な援助対策を打ち出すことができるかは、冷戦後の世界秩序の安定のためにきわめて重要であることを強調したい。

# 人道的介入をめぐって◇一九九二年

## 国内避難民をどう保護するか

冷戦の終焉は、難民援助のあり方に大きな変化をもたらしている。従来から、難民や避難民に対する援助は、人道的な連帯のあかしとして、広く国際社会の支持を得てきた。とくにイデオロギーを異にする超大国対決のもとで、国際紛争そのものが冷戦構造を反映していた時代においては、難民はこのような対立の犠牲者として受け入れ国の厚遇を得、第三国への定住も数多く認められた。国連難民高等弁務官（UNHCR）は、難民の保護・救済と、難民問題の解決を任務とするが、その事業は今までもっぱら難民の受け入れ国を中心に進められ、流出国を対象とすることは少なかった。

ところが、最近では流出国側において難民・避難民を保護・救済する必要性が増大してきた。それは第一には、冷戦が終わるにともない和平が成立し、長年難民生活を強いられていた人々が、自国への帰還を始めたこと。しかしながら、カンボジアやアフガニスタンにみられるように、戦禍と貧困に苦しむ故国に帰ってもなお国際的な保護・救済が必要とされること。第二には、紛争の主要因が国家主義の高揚、民族や宗教の対立のため、自国内で難民化する傾向が強いこと。第三には、国家の権威の衰退や、連邦国家解体の過程で、安全と拠り所を求める人間の大規模な移動が各地で起こっていること、などである。その結果、国内にありながら難民となる人々の保護・救済をどのようにして全うするかという課題が、急速に浮上している。

世界におけるこのような国内避難民の総数は、千五百万人とも二千万人ともいわれる。とくに多数を占めているのが「アフリカの角」地域で、ソマリア、エチオピア、スーダンの各国では、国外に流出した人々のほかに、国内にも数百万人にのぼる難民がいる。旧ユーゴスラビアの場合、他の欧州諸国に逃れた五十万人に加えて、諸共和国では二百七十八万人が難民となっている。さらに、ボスニア・ヘルツェゴビナでは、首都のサラエボのほかにも、戦乱のために食糧の補給がつかず、籠城状態にある人々が六十三万人と推定され、第二次大戦以来、最悪の難民危機となっている。

## 国家主権と難民

自国内にある難民に対し、国際社会が保護・救済を与えることは、理論的にも現実的にもきわめてむずかしい。それは国家主権の壁に直面するからである。国連憲章は「憲章のいかなる規定も、本質上いずれかの国の国内管轄権内にある事項に干渉する権限を国際連合に与えるものではない」として、加盟各国の主権の尊重を掲げている。しかしながら、主権の適用範囲はなんら明確にされておらず、現実には歴史的な変遷をたどって次第に形成されてきている。とくに、人権の分野における国連の権威が拡大してきたと同様、人道援助活動についても、国連は、総会決議もしくは事務総長の斡旋のもとに、国内において難民となった人々に対しても援助を与えてきた。

ところが、最近一段と論議を呼んでいるのが「人道的介入権」の問題である。これは、国際社会は国内で難民化した人々に対し、国家主権の壁を超えて人道援助を強要する権利を有する、という主張である。この議論が脚光をあびたのは、一九九一年四月五日、安全保障理事会による決議六八八の採択であろう。同決議は、イラクに対し、援助を必要とする同国内にあるすべての人々へのアクセスを、国際人道援助機関に与えることを要求したもので、人権と難民と国際平和を結びつけた画期的なものであった。とはいえ、この決議が実行される過程では、イラクの国家主権との関係から紆余曲折を経ることとなる。

まず、クウェートの主権と領土保全を守るために軍事行動に出た多国籍軍は、その後イラク北部に出動して「安全地帯」を設定した。トルコへ越境して国際的な保護を求めることが許されず、国境の山岳地帯で飢えと寒さに苦しんでいたクルド難民は、多国籍軍に守られて山を下り、自国内にある「安全地帯」へと帰還した。この動きに呼応して、イランに逃れたクルド難民も帰国を開始し、六月末にはほとんど全員が故国に復帰した。百七十万〜百八十万人のクルド難民は、その流出の速度において記録的であったが、帰還の速さにおいても驚異的といえるものであった。このような動きを可能にした最大の原因が多国籍軍による人道的介入であったことはいうまでもない。しかし、さらに多国籍軍から引き継いで、人道援助を提供した国連の動きにも注目すべきものがある。

国連の場合、事務総長はアガ・カーン特別代表をイラクに派遣し、同政府との間で、国際人道援助機関の派遣に関する覚書を交換した。すなわち、主権国家であるイラクとの合意を基礎にして国連の人道援助は進められたのである。国連人道センターの設置、国連警備員を含めたすべての人員に対する査証の給付等、「安全地帯」を含めた北部イラクにおける大規模な人道援助は、ある程度のイラクの了解の上に立って実施された。ＵＮＨＣＲは、北部イラクのクルド人の保護・救済を、いったん国外に逃れてから帰還した難民に対してばかりでなく、国内で避難生活を続けた人々に対しても同様に行うこととなった。この結果、すべてのクルド人を対象とした越冬住宅計画が実施され、千七百にのぼるクルド人の村落が再建された。

それでは、湾岸戦争とそれに引き続く「人道的介入」は、クルド人の権利と安全を保障することに成功したといえるであろうか。その後、北部イラクにおいては選挙も実施され、地域の復興もかなり進んでいる。しかし、昨今における治安の悪化にも示されるように、同地の状況は安定とはほど遠い。本年（一九九二年）七月以降イラク政府は、人道援助機関の派遣に関する国連との覚書の更新を承諾しないため、警備員を含む国連職員は減少している。人道援助活動は、国際的な監視の役割も果たしてきただけに、国連の撤退により住民の不安は高まっている。「人道的介入」と「国家主権」との緊張関係は、中・長期的な効果をも考慮に入れて評価されなければなるまい。

## 国連保護軍と連携

「人道的介入」問題は、旧ユーゴスラビアをめぐる国連討議でも、繰り返し論議されている。しかしながら、ユーゴスラビア連邦の解体過程は、激しい戦闘と「エスニック・クレンジング（民族浄化）」として知られる民族的相克のため、国連や欧州共同体（EC）による停戦・和平調停は容易に成果をあげることができなかった。このような中で、安全保障理事会は、平和維持活動の展開を決定すると同時に、赤十字国際委員会、UNHCRなどに対し、旧ユーゴスラビア国内の難民・避難民に対する人道援助を実施し、彼らの帰還を促進することを求めた。さらに戦乱がボスニア・ヘルツェゴビナへ拡大し、難民の流出が一層激しくなり、しかも首都サラエボが孤立状態に陥ると、国連はサラエボ空港の安全とアクセスを確保するための行動に乗り出さなければならなくなった。

サラエボおよび同空港は、人道援助を遅滞なく進めるための「安全地帯」と規定され、国連保護軍（UNPROFOR）が空港と首都への輸送を警備する一方、UNHCRは、各国提供の輸送機の発着、援助物資の確保・点検、空港から市内配給所への運搬を総括することとなった。七月三日に開始された空輸作戦では、九月四日、イタリア機の撃墜により中断を余儀なくされるまでに、一万二千四百一トンの食糧、医薬品などの援助物資が、千二十五機によって運ばれた。またこの空輸には、十八カ国が参加している。

## 国際社会の支持の表明

サラエボ空輸作戦は、たんなる食糧供給活動ととらえるべきではないだろう。これはサラエボ市民に対する国際社会の支持の証明であり、さらに民族抗争に明け暮れる旧ユーゴスラビアに対する「人道的介入」行動でもある。人道援助をてこに、旧ユーゴスラビア紛争の政治的解決をはかろうとする国際社会の強い決意は、八月二十六日から開かれたロンドン会議で表明された。国連事務総長とEC議長国のメージャー英首相は、停戦と和平交渉を強力に推進するための恒久的な交渉機関をジュネーブに設けた。同会議に出席したクロアチア、ユーゴスラビア、ボスニア・ヘルツェゴビナの各大統領も、ロンドン会議の諸決定に協力する意向は示している。

今のところ、国連およびEC各国は「人道的介入」を軍事的手段によって強行しようとしているようには思われない。安全保障理事会決議七七〇は「あらゆる手段」を用いてボスニア・ヘルツェゴビナにおける人道援助活動を支援することを決定したが、その後に採択された決議七七六は、むしろ国連保護軍の任務を拡大し、人道援助活動の保護にあたることを決定している。

このため、事務総長は、国連保護軍部隊をさらに六千〜七千人増員することを求め、国連安保理は報告を承認する決議を採択した。これらの部隊は各国がとくに人道援助活動を保護するために自主的に提供することとされている。当面、拡大国連保護軍は、UNHCRを中心とする人道援助活動を保護し、支援する形で、平和の維持に加えて人道的な役割を果たすこととなろう。人道援助活動の増大は、冬を迎え、大規模なトラック輸送がボスニア・ヘルツェゴビナ全土に必要とされ、またさらなる民族浄化の動きを阻止するためにも求められている。

北イラク、旧ユーゴスラビアに見られるように、紛争下にあって難民流出が続く国の中に入って、国際機関が人道援助活動を行うことが容易でないことはいうまでもない。北イラクの場合、多国籍軍による軍事的介入が早急な難民帰還をもたらした。旧ユーゴスラビアの場合は、国連平和維持軍に積極的な人道援助保護の任務が与えられた。

難民保護の立場からも、紛争や迫害の犠牲者を公正に救援するという人道主義の原則を再確認すると同時に、より効果的な対応を示すため、ありとあらゆる新しい工夫や対策が考えられるべきであろう。

# 北欧の災害救援システムとの連携◇一九九三年

## 国際貢献の尺度

「国際貢献」こそ世界に生きる日本の指針である、といわれるようになって久しい。しかし、賑やかな一般論のわりには、貢献の具体策は必ずしも十分に議論されてこなかったように思われる。

国際的に広く受け入れられている貢献として、経済協力があげられる。とくに政府開発援助（ODA）は、毎年実績の比率も公表され、貢献の国際比較も行われている。しかしこの場合でも、資金の流れの総量から、対国民総生産（GNP）比、さらに贈与比率や技術協力の割合などを加えて評価を試みると、経済協力の分野における国際貢献を計ることも、そう容易でないことが明らかになってくる。まして、平和の維持とか、自由貿易体制の強化とか、地球環境の保全、麻薬問題の解決等々となると、何をもって十分な国際貢献と判断するかの決め手は、簡単に見いだされるものではない。

私が、このところ苦労を重ねている難民問題についても、難民の数が激増し、国際的な負担が拡大する中で、負担の分担（バーデン・シェアリング）を求める声は高まっているが、何をもって貢献とするかについては、必ずしも合意に達していない。もともと国際貢献とは、各国の国益の許容範囲を大幅に離れて行われるものではないから、難民協力が複雑化している現在、論議がつきないのは当然かもしれない。第二次大戦直後の時代においては、難民といえば、ソ連・東欧の共産主義諸国における迫害の犠牲者であったから、西欧諸国は彼らを受け入れ、自国に定住させることをもって国際貢献と考えた。反共産主義のイデオロギーを基本とした国益と、難民保護の人道政策とが結びついた国際協力体制が、広く西欧諸国の支持するところとなった。

ところが、一九六〇年代となると、植民地解放闘争、新興独立国における内乱や紛争、飢餓状態からの逃避、外国の軍事的介入等による大量難民の流出が、とくにアジアやアフリカの各地で頻発するようになった。さらに一九八〇年代には、冷戦が第三世界に波及する中で、インドシナ、アフガニスタン、「アフリカの角」地域、中央アメリカ諸国からも難民の大量流出が続いた。一九七〇年に二百五十万人と推定された世界難民の総数は、一九八〇年には千百万人にのぼり、その後も増加し続けて、今日では千八百万人に到達している。

## 複雑化する難民協力活動

難民の大量流出は、国際協力の態様に大きな変化をもたらした。すなわち、一方では難民の大量流入にともない彼らを対象とした援助事業が拡大したが、他方では西欧諸国における難民の定住受け入れが限定されるようになったのである。大量難民は、隣接諸国に一括して受け入れられるのがつねであったが、パキスタンにおける三百万人のアフガン難民、あるいはマラウイにおける百万人のモザンビーク難民、あるいはまたタイ・カンボジア国境の三十五万人のカンボジア難民に対し、西欧諸国は資金を提供し、また民間団体も援助事業の実施に参画した。難民協力は、キャンプにおける救済活動を中心に進められ、国際貢献の尺度としては、隣接諸国による大量難民の受け入れ、世界各国による資金や物資の供与、民間団体等による人的参加があげられた。

冷戦が終焉した一九九〇年代になると、国際的な難民協力活動は、一段と複雑化する。それはまず第一には、国際社会の関心が、難民発生の防止、難民流出の初期段階における対応、難民の本国への帰還促進と、いわば難民受け入れ国における保護活動から、難民発生国における問題解決努力へと移ったからである。

第二には、大量難民の流出の原因となる種々の紛争に対し、国連が積極的な役割を果たすことが期待され、難民に対する人道援助と、平和と安全の維持を目的とした政治的軍事的活動とが関連して行われるようになったことにもよるところが大きい。ソマリアや旧ユーゴスラビアにおける難民・避難民に対する救援活動は、内戦や秩序崩壊状況下にある両国内で進められている。この場合、国連の平和維持軍は、人道援助を側面から支援することとされているが、軍が直接援助にあたる場合も見られる。

カンボジア、アンゴラ、あるいは近く開始される予定のモザンビークにおいては、難民・避難民の本国への帰還が、和平成立直後のきわめて不安定な状況の下で進められることもあって、国連の監視軍や平和維持軍の協力は不可欠なものとなっている。

## 七十二時間以内に出動

このような難民情勢の変遷は、難民援助機関の役割にも大きな変化をもたらした。一九九一年春、急遽《きゅうきょ》起こった百七十万～百八十万人のクルド難民の流出に対し、早急に対応できなかった国連諸機関は、緊急援助能力の大幅な強化を試みた。国連難民高等弁務官事務所（ＵＮＨＣＲ）は、まず内部に緊急援助対応室を置き、五人の専任職員を配置して常時出動できる体制を設けるとともに、テント、毛布、車両等の備蓄システムを創設した。

しかしながら、全世界に続出する緊急事態に、自前の援助体制のみで立ち向かうことは到底できない。そこで各国に打診して、各国の保有する災害救援システムとの連携をはかることとした。ＵＮＨＣＲは、デンマーク、ノルウェー難民委員会（民間）との間で合意書を交換し、緊急事態が生じた場合には、最低百人の要員を七十二時間以内に世界各地に派遣することを取り決めた。両委員会は、三週間以内にさらに百人が出動できるような待機体制を設け、さらに種々の専門家のリストを準備することとした。ＵＮＨＣＲは、スウェーデン政府とも合意書を交換し、同国の災害対策部からの人員派遣、緊急用施設の設置ならびに輸送が約束された。

現在、ＵＮＨＣＲは、旧ユーゴスラビアにおける難民・避難民を対象とした人道援助活動の責任機関をつとめている。一九九二年七月、サラエボ空港の再開と同市内への救援物資輸送が安全保障委員会によって議決されると、ＵＮＨＣＲからまず出向いたのは、緊急援助対応チームであり、スウェーデンの災害対策部派遣チームであった。

今日においても、援助物資の輸送に必要なトラックと運転手の相当数（ノルウェーからトラック二十台、運転手二十二名、デンマークからトラック四十台、運転手六十五名、スウェーデンからトラック十台、運転手二十八名）と、約二十名の出向職員が北欧の三カ国から提供されている。また、七月三日から続いているサラエボ空輸には、アメリカ、イギリス、フランス、ドイツ、カナダ等の空軍があたっているが、輸送機もパイロットも各国からＵＮＨＣＲに、すべて自主的に提供されている。

きびしい紛争地である旧ユーゴスラビアにおける人道援助活動は、当分継続するものと予想されるので、ＵＮＨＣＲは各国に対し引きつづき通信、輸送、法務等の専門家の派遣を要請している。旧ユーゴスラビアで進められているような大規模な難民・避難民救援活動は、国際機関、各国政府、民間団体の一体となった協力活動がなければ遂行できない。各国に対しては、一層踏み込んだ「国際貢献」が求められている。

## 日本の難民分野における貢献は

それでは、今日旧ユーゴスラビアに見られるような複雑な難民協力活動に対する各国の貢献、あるいは各国によるバーデン・シェアリングは、どのようにして計られているのであろうか。むろん従来から用いられているような、資金や物資の供与総額は、基本的な貢献の尺度となっている。しかしながら、二十五万人のユーゴ難民をかかえるドイツが、難民の引き受けについてのバーデン・シェアリングを主張するのに対し、難民の自国への引き受けは最小限としてユーゴスラビアにおける平和維持活動への参加を貢献の支柱とするイギリス等の立場との間には、埋めきれない溝が存在している。各国の国情を背景とした立場の相違は、そう簡単に解消するものではないが、国際協力の立場から見ると、あまり一方に偏った貢献に対しては高い評価は与えられていない。国力に応じた資金や物資の供与、平和維持活動をはじめとする人的資源の貢献、難民の自国受け入れの甘受等、国益のみにとらわれないバランスのとれた総合的な貢献が国際的な高評価につながるように思われる。

日本の場合、国際的な難民協力に積極的に取り組むようになってからまだ十年余りと日も浅い。その間、インドシナ難民に対する協力を契機に、資金的にはアメリカに次ぐ重要な援助国となったし、また難民の国内定住にもそれなりの努力を払ってきた。また民間のボランティア活動も次第に活発になってきている。しかしながら、昨今のように、難民問題の解決そのものが国連の平和と安全の維持機能との関連で重要視されてくると、日本の難民分野における貢献にも、また新たな展開が求められることになろう。カンボジアにおけるＵＮＴＡＣ（国連暫定統治機構）活動に、自衛隊の施設部隊や、警察、選挙監視員が参加していることは、カンボジア難民の本国帰還と定住にも貢献するものとして評価される。

国際社会の不安定な現状が続くかぎり、日本人の一層の人的貢献を必要とする状況は今後も頻発すると予想される。とくに難民高等弁務官として私が望むのは、ＵＮＨＣＲが北欧諸国と取り決めたような、密接で恒常的な協力関係を日本政府あるいは民間団体との間に確立することである。日本人の創意工夫と専門性が、広く国際社会において求められていることを強調したい。

# 国境と難民◇一九九三年

## 国境と民族の問題に直面

島国に住む日本人にとって「国境」の持つきびしい現実を感じることは、あまりない。とくに、南樺太、朝鮮半島を放棄した第二次大戦後は、陸続きの隣国もなくなってしまった。また、日本列島をめぐる民族の移動も、あまりに遠い昔のため、国家とは、同一民族の自然な集合体と思いがちである。このような、日本と日本人をめぐる特殊な環境は、いまや世界を揺るがせている民族紛争、難民流出の現状理解を難しくしているように思われる。

私が、はじめて「国境」と「民族」の問題に直面したのは、一九九一年春、クルド難民の保護と救済を手がけた時である。クルド民族は、トルコ、イランなど数カ国にわたって生存する少数民族であるが、湾岸戦争を機会に、武装蜂起を試みた。イラク軍の弾圧から逃れようと、百七十万〜百八十万のクルド人が難民として隣国に流れたのは、周知の事実である。そのうち百四十万は、国境を越えてイランに流入し、同国の保護と救済を受けた。ところが、国際的な関心を大きく呼んだのは、むしろトルコへの越境が許されず、国境の山岳地帯で飢えと寒さに苦しんだ人々である。

そもそも、難民として国際的な保護を与えられるのは、本国において、さまざまな理由から迫害を受ける恐れがあるか、あるいは母国の戦乱や政治的混乱などのため、他国に逃れた場合である。すなわち、国境を越えることが重要な条件であって、国連難民高等弁務官には、領域を越えて本国にある人々を保護する権限は与えられていない。また、各国には、難民に入国・在留を許し、迫害国である本国に送還してはならないという原則がある。

しかし、トルコのように、自国におけるクルド対策あるいは安全保障対策から、難民の越境を許さず、国境沿いに多数の生命が危機にさらされた時、難民保護体制はまさに試練に直面する。国連難民高等弁務官事務所では、領域を越えて保護の権限を行使することはできないという法律論と、現状ではそれでもなんとか彼らに保護を与えなければならないという現実論で大きく揺れた。私自身は、国境の概念を「線」から拡大して「地帯」ととらえ、トルコ側から越境して、国境周辺にある難民を救済することが必要と判断した。結局、山岳地帯のクルド難民は、自国側へと山を下り、多国籍軍と国連との協力で、自国内に帰って、国際的な安全の保障と援助に支えられて、もとの生活に戻ることができた。イランに流出した人々も帰還し、クルド難民は、流出の速度においても、帰還の速さにおいても、驚異的といえるものであった。

## 国際社会の合意づくり

クルド難民援助は、難民の保護に立ちふさがる「国境」の壁を、多少とも打ち破った画期的な試みであった。その後一九九二年春、ソマリア南部からケニアへ五十万人近い難民が流出すると、UNHCRはソマリア側に入って援助活動を始めた。何十キロと歩き続けて国境を越えなければ、援助を受けられない難民の惨状を救うためである。ソマリア政府の実効支配がない状況では、主権侵害は問題とならなかったが、法秩序の崩壊にともなう、無法者や盗賊から職員の安全を確保するのは容易ではなかった。さらに同年秋、タジキスタンの内紛で、約六万のタジク難民が川を渡ってアフガニスタンに入ると、UNHCRは、アフガニスタンにキャンプを設け、緊急援助にあたると同時に、タジキスタン側に入って同様の援助を行った。タジク・アフガン国境へ向かう約十五万の人々が危険な渡河を試みるのを防止するためであった。この場合、UNHCRは事務総長を通じてタジキスタン政府に越境救援活動の了解を求めた。

越境救援活動は、大量の難民流出を防止できるし、早急に援助物資を支給することもできる。またいったん難民流出の原因となった迫害や戦乱状況が緩和すると、彼らの帰還を容易にもする。しかしながら、人道上の理由とはいえ、国境を越えて一国の国内に入り込むには、それなりの条件、あるいは国際社会の合意づくりが必要となる。国境の存在は、きびしい現実なのである。

今、国連では自国内にありながら難民化した人々を、どのように保護し救済したらよいかが、しきりに論じられている。彼らは、自国国境こそ越えていないが、難民と同じように迫害や戦乱によって自国内の移動を強いられている。また天災や人災によって常に居所を離れなければならなかったり、民族や部族間の対立でコミュニティを去らなければならない。

## 旧ユーゴに三百二十万人

これらの人々の総数は、二千万とも二千五百万ともいわれている。ペルーにおいては、反政府ゲリラ集団に追われた人々は、国境を越えて隣国に保護を求めたのではなく、首都リマの内陸の周辺地域に追われ、貧窮化している。ルワンダやグルジアなどでも、戦乱の犠牲者は多数にのぼっているが、国外に逃れてはいない。彼らの悲惨な状態に対応するため、国際的な救援が求められているが、国内難民のための国際機関は、当然のことながら、存在していない。

難民や国内にいる避難民の問題を、もっとも先鋭な形で提起しているのが、ユーゴスラビアである。スロベニア、クロアチア、ボスニア・ヘルツェゴビナの独立にともなう旧ユーゴスラビア連邦の解体過程は、難民の急増を意味した。ボスニア・ヘルツェゴビナからクロアチアへ流入した者（二十八万）、セルビアとモンテネグロへ逃れた者（三十五万）、マケドニアへ入った者（二万九千）。クロアチアからセルビア（十六万）、マケドニアへ向かった者（三千）。クロアチアとボスニアからスロベニアへ入った者（三万）。さらに、クロアチア国内の戦乱で避難民となった者（二万四千六百)、加えていまやボスニア・ヘルツェゴビナ国内の避難民総数は二百二十八万人にのぼっている。すなわち、旧ユーゴスラビア連邦内に約三百二十万の人々が難民化しており、そのうえ西欧諸国へ庇護を求めて出国した人々は六十万人以上と推定される。

このような中で、UNHCRとしては、国境を越えた難民と、国内にある避難民とを区別して保護と救済を与えることができないことはいうまでもない。二百二十八万のボスニア避難民にはサラエボへの空輸、他の包囲下にある都市へは空からの物資投下、その他の地域へはトラック輸送隊による陸送。国連制裁下にあるセルビアやモンテネグロでは、大多数の難民が家庭に収容されているため、逼迫《ひっぱく》したホスト家族の需要も無視できない。クロアチアにおいても、ホスト家族、クロアチアの医療システムに対する手当てが必要となってくる。本年度、UNHCRユーゴスラビア人道援助の総額は四億二千万ドルである。

## 残虐な浄化作戦

なぜユーゴスラビア危機は解消できないのであろうか。なぜボスニアの紛争は続くのであろうか。ストルテンベルグ、オーエンによるボスニア・ヘルツェゴビナ和平案が合意に至っていない根本原因は、国境の線引きについての不一致である。この和平案は、ボスニア・ヘルツェゴビナ共和国連合の設立を前提とし、各共和国の境界は、イスラム系、クロアチア系、セルビア系三民族の人口比および支配地域などを基礎に構築されている。昨年末以来、和平案の討議と並行するように、ボスニアで三民族間の武装対立が熾烈《しれつ》化したのは、境界の線引きを、少しでも自己に有利に展開させるためであったともいえよう。

ところが、ボスニア紛争が民族対立を基調としたことは、各民族支配地域において激しい「民族浄化」を引き起こした。イスラム系、クロアチア系、セルビア系各勢力は、それぞれ程度の差こそあれ、お互いに残虐行為を繰り返し、他系住民の家に火をつけ、武器をふりかざし、村から追放する。その結果、イスラム系、クロアチア系、セルビア系の支配地域の少数民族は、次第に浄化され、自分と同じ民族が多数を占める地域へと移動を試みる。ある日、ボスニア紛争が終わり、和平とともに住民がもとの住まいに戻る日が来たとしても、どれだけの人々が、彼らを追い払った民族の支配地域に帰還するであろうか。ボスニアにおける三つの共和国の新しい国境は、民族的な分布と重なり合うのが、不可避な成り行きであろう。

二十一世紀を目前にひかえ、ヨーロッパの一隅に純粋に同一民族を基礎とした国家が成立しようとしているのは、恐ろしい限りである。しかし、ボスニアばかりではない。旧ソ連共和国にも、民族主義の高揚が見られ、アゼルバイジャン、アルメニア、あるいは中央アジア諸国において、複雑な民族間の迫害、あるいは追放の動きがうかがわれる。

一九一九年一月、パリ平和会議にのぞむにあたって、ウィルソン米大統領は、民族自決主義の適用により国際平和が強化されると信じ、また連合国側も、戦後ヨーロッパの国境を画定するのにあたって民族主義の原則を援用した。ただしその反面、新たに独立した民族国家は、自国内の少数民族を保護する義務を国際連盟との取り決めで約束している。

第二次大戦後に成立した国際連合は、憲章の第一条に、人民の自決の原則を掲げ、人権規約も、第一部に人民の自決権を規定している。四十余年にわたり、国連は、自決の実現を植民地解放と独立を通して推進してきた。また、人種、性、宗教などに基づく差別撤廃にも努力してきた。しかし、自決を果たした加盟国内の少数民族や部族の保護に、必ずしも正面から取り組んできたわけではない。

いまや新たな時代を迎え、国際社会は、少数者の保護に、より大きな努力を傾注しなければなるまい。同一国境内に、多様な民族や部族の共存が成立してこそ、さらに国境を越えた国際社会との協力も実を結ぶものと考える。

# 難民がなくなる日は来るのか◇一九九四年

## 帰還難民のために地域ベースの開発を

　難民を追いながら暮らす日々。難民の数が減ることなど、あり得るのだろうか。難民問題の解決を見る日が来るのだろうか。こんな思いに駆られながら、国連難民高等弁務官に就任して、はや四年の月日が過ぎようとしている。この間、難民の総数は千七百万人から二千万人へと増加し、国連難民高等弁務官の年間予算も六億ドルから十一億ドルに急増した。クルド難民、旧ユーゴスラビア難民、ルワンダ難民と、大規模な流出が続いたためである。

　クルド、旧ユーゴスラビア、ルワンダ難民の救済に苦労したのは、その規模によるのみではない。複雑な政治的対立を背景とするこれらの活動は、各国政府の利害、マスコミやNGOの関心がからみ、いわば衆人環視の中で進められなければならない厳しさがある。

この夏（一九九四年）、ルワンダからの難民が、急速にザイールに流れ込み、CNNなどが難民の惨状を伝え、国際機関の立ち遅れを報道し続けた。しかし、四日間に百万人を突破する難民危機に対応する能力は、UNHCRにはない。切羽詰まってアピールした八項目の「サービス・パッケージ」が各国の支持を得、アメリカ軍をはじめとする各国による空輸、空港管理、給水、キャンプ設営などへの支援となった。日本からも、自衛隊による国際人道活動の展開となったが、数百人の自衛隊員が、はるばる中部アフリカの地に赴き、ルワンダ難民の医療、保健衛生、給水に直接あたるようなことを予想した人々が、あったであろうか。

たしかに、このところ緊急事態にあたっては、資金・物資の供給、人員の派遣、輸送・通信の確保と、国際支援体制には格段な広がりが見られる。ところが、緊急事態を乗り越え、解決へ向けての中・長期的な取り組みとなると、まだまだ前途遼遠と言わざるを得ない。そもそも、難民の流出は、迫害、貧困、民族・部族対立を背景とした紛争を契機としているのであるから、難民問題の解決には、紛争の決着が前提となる。

十四年間の長い年月、タイ国境でキャンプ生活を続けたカンボジア難民三十七万人が帰還できたのは、全紛争当事者を含めた「パリ和平協定」の枠組みが成立し、それをさらに国連平和維持活動が後押ししたからである。また、モザンビーク難民百五十万人の帰国が進んでいるのも、十六年間にわたる政府・反政府勢力間の内戦に終止符が打たれ、国連平和維持活動が和平への環境づくりにあたっているからである。

一九九三年三月、私はカンボジア難民の最大キャンプである「サイト2」を閉鎖するため、タイ国境に出向いた。また、一九九四年二月、モザンビーク難民の帰国状況を視察するため、南部アフリカの四カ国を訪問した。家財道具から鶏まで、持てるだけの物を持って、バスや汽車に乗り込んで帰って行く彼らの表情の明るさが、記憶に残る。しかし、はたして彼らの前途は保証されているのであろうか。難民の帰る故郷は、たとえ内戦が終わったとしても、貧しく荒れ果てている。

ＵＮＨＣＲは、帰国する人々に当面の食糧を保証し、定住を促進するための小規模な「即効プロジェクト」を実施している。カンボジアで建設した三百五十にものぼる学校（木造校舎の建設費は一棟約六千ドル）や診療所。モザンビークの農村にも、学校、診療所、給水所を中心としたコミュニティ・センターが等しく帰還難民、国内避難民、地元農民のために建てられていた。完成を祝い、テープを切り、祝意を述べて村長に施設を引き渡す。私にとっては最も楽しい仕事の一つである。だが、先生や保健員は引き続き確保できるのか。国家や国際機関が継続して援助を与えるかと考えると、前途はけっして明るいわけではない。通常、開発援助計画の立案は長時間を必要とし、その採択や実施は中央政府を通して行われるため、地域の早急なニーズに応えきれないことが多い。いわゆる「開発ギャップ」現象である。地域に焦点をあてた、下からの開発を待ち望んでいるのは、帰還難民の再定住を促進しなければならないUNHCRばかりではない。今日、世界には戦禍と荒廃からの復興を必要とする国々が少なくなく、地域ベースの開発は、開発戦略の核心となるべきであろう。

## 難民高等弁務官は紛争を解決することはできない

難民の自国への帰還が進み、国民選挙が行われ、和解のプロセスが軌道に乗る中で、復興・開発が進められれば、成功の可能性は高まる。最終的に、カンボジア、モザンビークがどのような道程をたどるか予断を許さないが、南アフリカ共和国の例は、大きな希望を与えてくれる。南ア政府が、人種和解の政策に乗り出した時も、国内における政治犯を釈放すると同時に、国外にあった政治難民の帰国を決定した。UNHC

Rは、南ア政府と交渉した最初の国連機関であり、九一年以来南アに常駐している唯一の国連機関でもある。難民の帰国そのものが、人種、民族、部族間の和解に寄与し、将来の発展につながることを、南アの経験は立証するものである。

それに反し、紛争、民族・部族対立が続く限り、難民問題の解決を見ることはできない。アフガニスタンとソマリアの場合、前者は冷戦下のソ連占領時代、パキスタンに逃れた三百万人の難民に、国際社会は手厚い救援を続けた。後者も、米ソ双方は冷戦戦略から多大の援助を相対立するソマリアの諸部族に与えた。ソ連軍のアフガニスタン撤退は、アフガン難民の帰国を可能にし、一九九二年、一九九三年と、UNHCRはパキスタン、イラン両国からの帰還実施に努力を重ねた。

ところが、ソ連軍撤退後のアフガニスタンでは、長年抵抗を続けたイスラム諸軍閥間の対立が激化し、再び難民の流出が見られる状況である。長びくアフガン紛争に、国際社会の難民救援にはかげりが見えはじめ、UNHCRの拠出要請に対する反応はきわめて低調である。

ソマリアについても、部族対立の中で飢餓に苦しむ犠牲者を救うために派遣された国連平和維持軍ではあったが、部族リーダーの反撥《はんぱつ》と抵抗にさえぎられ、九五年三月末までに撤退が決定されている。エチオピア、ケニア、ジブチに残された難民の帰国はさして進展せず、この場合も、各国からの拠出は低迷している。

ここ数年間、最大規模の難民援助活動が続けられた旧ユーゴスラビアについても、このところ人道援助の限界が痛感される。クロアチア、セルビア、モンテネグロにおける百万人にのぼる難民に加え、ボスニア・ヘルツェゴビナでは二百七十万人の避難民が国際社会の援助で、餓死者も凍死者も出すことなく、二度の冬を越すことができた。三度目の冬を迎えるにあたって、農村地帯の食糧生産の手当てはできているものの、武力抗争が拡大する中で、サラエボへの空輸が継続できるのか、「安全地帯」と定められたイスラム教徒地域に物資を輸送できるのか、そして何より人道援助に携わる職員の安全がどこまで確保できるのか、見通しは暗い。唯一の解決が政治的合意の成立であることは明白である。早急にこの目処がつけられない場合、ボスニアもまた、アフガニスタン化、あるいはソマリア化しないとは言いきれまい。

最後に一言。難民高等弁務官は、難民の生命を救い、彼らの苦しみを和らげることに多少役立つことはできる。だが、紛争を解決することはできない。世界の政治指導者の勇気と決断に期待するのみである。

# コソボが突きつけた課題◇一九九九年

## 国際社会の対応の限界

世界大戦、社会主義革命、植民地解放と揺れ動いた二十世紀は、まさに終わろうとしている。通信技術の発展、経済活動の拡大、国際組織の普遍化と、グローバリゼーションが進む中で、紛争の平和的解決への取り組みが取り残されているように思われる。一つには、紛争の多くが、民族や宗教の対立、資源の確保、組織犯罪など、従来の国際的な安全保障の仕組みでは解決しにくいことによるものであろう。

とはいえ、バルカン、コーカサス、中部アフリカの諸地域、あるいはアフガニスタンでは紛争が続き、被災者の総数は数千万にのぼっている。難民の保護と救済を任務としている国連難民高等弁務官にとっては、憂鬱な世紀末である。

なかでも、昨春以来、紛争が激化したコソボほど国際社会による対応の限界を露呈したものはないであろう。コソボは、旧ユーゴスラビア・セルビア共和国内の自治州であったが、一九八九年に自治が大幅に制限され、九割を占めるアルバニア系住民と一割のセルビア系住民との緊張が続いていた。平和的手段で自主を勝ち取ることが難しくなるにつれ、アルバニア系住民の間では、独立を求める武装組織が活動を強め、セルビア官憲と衝突を繰り返すに至った。

セルビア治安部隊や警察による掃討作戦から逃れようとする避難民がコソボの山中で野営し始めると、国連難民高等弁務官事務所の職員は、赤十字国際委員会と協力して、避難民への人道援助を開始した。また国境を越えてアルバニア、マケドニア、ボスニア、モンテネグロ（ユーゴスラビア連邦共和国の一つ・一九九九年現在）へ逃れたコソボ難民に対する保護・救援活動も次第に拡大された。

コソボ情勢が険悪になるにつれ、国際的には非難の声も高まり、EU（欧州連合）、コンタクトグループ（旧ユーゴスラビア問題に関する「連絡調整グループ」）外相会議が会合を開き、NATO（北大西洋条約機構）軍がアルバニア、マケドニアで空爆演習を行うなど、圧力の行使を始めた。

昨年（一九九八年）六月十六日、ミロシェビッチ大統領はエリツィン露大統領と会談し、アルバニア人側との対話を再開し、治安部隊を縮小、駐ユーゴの外交団に対し、コソボへのアクセスを保障し、さらにUNHCR及び赤十字国際委員会などには、避難民への救援と帰還活動を行うことを表明した。しかしながら、情勢は悪化を続けた。しかも冬を控え、野外で暮らす推定五万人の人々の安否が気遣われたため、九月末、私は昨年二度目のコソボ視察に赴いた。

ベオグラードで会談したミロシェビッチ大統領に対しては、セルビア治安部隊及び警察の過大な掃討活動を抑えるよう強く求めた。無論、大統領は、自国内にいるアルバニア・テロリストを攻撃し抑圧する正当性を主張したが、長時間に及んだ会談の結果、戸外にいる避難民が自分の家に戻れるように協力することが約束された。

私が指摘したかったのは、テロリスト弾圧の是非ではなく、その目的を達成するための手段の正当性と限度であった。コソボの村々では、官憲がテロリストないし反対分子がいると見なすと、警官による詰問、威嚇が行われ、住民が逃げ出すと、留守中に住居が焼き払われるばかりか、家畜も殺されるというような行為が繰り返されていた。冬が到来しても避難民が帰ろうとしないのは、官憲の存在に対する恐怖であった。冬間近いコソボの山、寒さに震える避難民の映像が欧米の茶の間に広まっていった。

## ＮＡＴＯ軍による攻撃指令

政治解決がなければ、人道危機を回避することはできない。武力行使の圧力が強くなければ、政治を動かすことはできない。ＮＡＴＯは連日会議を続け、国連安全保障理事会も、九月二十三日、即時停戦及び対話の促進を当事者に求める決議を採択した。アメリカは、ヒル特使を和平交渉に専念させると同時に、ホルブルック大統領特使をベオグラードに再度派遣し、ミロシェビッチ大統領との交渉にあてた。

十月十二日、ＮＡＴＯ軍は攻撃指令を発した。現地にあった人道機関職員も引き揚げを開始した。翌朝未明、ミロシェビッチ大統領は、セルビア治安部隊と警察の一定地点への撤退を発表し、ホルブルック特使との間で、二千人の撤退検証ミッションを受け入れる合意が成立した。ＮＡＴＯ軍は、ＯＳＣＥ（欧州安全保障協力機構）検証団の後方支援のため、マケドニアに前線本部を設定することになった。

セルビア治安部隊や官憲の撤退にともない、戸外にいた避難民は帰還をはじめた。周辺諸国の難民も一部帰国を開始している。人道援助機関は、援助物資、とくに緊急住宅補修の支援に懸命の努力を続けている。しかし、コソボ危機は解消したのではない。コソボの政治将来をめぐる交渉の目処はたっていない。さらに、約束されたOSCE検証団の編成、派遣はようやく緒についたばかりで、全員が出そろう見通しもたっていない。セルビア官憲とアルバニア武装組織との間の衝突は散発的に続いている。冬の間は大規模な動きはないであろうという大方の予想は、春には衝突が再発するのではないかとの不安を裏付けている。それがまた、丸腰のコソボ検証団への各国からの派遣を遅らせている。

ヨーロッパの南端、重要な戦略地点であるコソボ情勢への欧米諸国の対応をやや克明に記したのは、NATO、OSCE、EU、アメリカの軍事、政治力を結集しても、いかに今日の国内紛争に対処することが難しいかを、示したかったからである。まず、西欧諸国において、コソボ問題をめぐる利害も、見解も、必ずしも一致していない。少数民族の保護は掲げても、民族自決、分離の代償は高すぎる。主要国のなかにも、少数民族問題を抱え、国際的な干渉を望まないところもある。

軍事力の行使についてみれば、空爆やミサイルの威力は容易に誇示するが、地上軍の派遣は逡巡する。しかし、国内紛争、とくにゲリラ掃討に効果があるのは、地上軍である。ボスニアへの三万三千人に及ぶNATO軍の派遣は、将来的にいえば例外中の例外となるのではなかろうか。

## 地域に直結した平和維持機構

国内紛争に対して、強力な国際的関与ないし介入が期待できないとすれば、どのような取り決めが求められるのであろうか。アフガニスタンをとっても、スーダン南部をとってみても、二十年を超える紛争、数百万の難民及び避難民の救済の目処は全くない。アフリカ大陸においては、サハラ以南の諸国中、現在三分の一は紛争中ないし紛争に巻き込まれている。しかも貧困も加わり、難民、避難民、一般市民の惨状は目を覆うばかりである。

西アフリカの場合、約五十万人のシエラレオネ難民が隣国のギニアやリベリアに逃れている。シエラレオネの反乱軍は、女性や子どもの手足を切り落とすなどの残虐行為を繰り返してきた。リベリアも長年にわたり、部族紛争を続けてきたが、二十万人の難民が帰国しはじめた。この両国の紛争解決に貢献してきたのは、ＥＣＯＷＡＳ（西アフリカ諸国経済共同体）を中心とする平和維持軍である。ナイジェリア軍を中心としているが、次第に実績を上げ、アフリカにおける地域平和維持機構として、アメリカその他欧州諸国の支援を取りつけはじめている。

ルワンダ、ブルンジ難民の大量流出から始まったコンゴ民主共和国（旧ザイール）の内乱は、近隣諸国からの軍事介入も加わり、避難民の実態を把握することすらできない。中部アフリカには、経済共同体も平和維持機構も存在していないため、地域を主体としたいわば下からの平和づくりの組織化の手がかりがない。昨年四月、国連安全保障理事会に提出された「アフリカにおける紛争の原因と平和の開発」に関する事務総長報告書は、紛争下にある難民や避難民の保護の重要性を指摘すると同時に、難民や避難民が紛争を激化させないための方策をたてることも提唱している。

これを受けて、UNHCRは、国連平和維持活動局と協力して、難民キャンプや難民集落が人道的な性格から逸脱しないような保護策を検討している。そもそも、難民は紛争の犠牲者であるが、同時に紛争の一方の当事者、あるいは敗者に近い人々である場合が少なくない。ルワンダ難民の場合、当時ザイールに逃れた人々は、集団虐殺に加担して敗れたフツ族であったが、女性や子どもに加え、軍人や民兵も混在していた。

本来、難民キャンプでは、非武装、中立が確保され、戦闘員は排除されなければならない。しかしながら、キャンプ内の秩序を守り、戦闘員と非戦闘員を仕分けする要員を、ザイールからも国際社会からも確保することはできなかった。国連事務総長は、五十カ国に近い国連加盟国に平和維持要員の派遣を要請したが、求めに応じたのは一カ国に過ぎなかったといわれている。

このような経験から、必要に応じ、さまざまの段階で難民キャンプや集落の安全と中立を守るための工夫がなされている。最低限の需要としては、難民を受け入れている当事国の法秩序維持能力を強化することである。すでにＵＮＨＣＲは、ケニア、タンザニアにおいて、難民キャンプ担当の警察官の訓練及び機器の支給などを行ってきた。さらには、先述したＥＣＯＷＡＳの平和維持軍など、地域機構の法秩序および平和維持能力に対する支援、紛争解決メカニズムの確立などの国際協力も求められよう。

紛争の形態が、ますます国内化、地域化することが予想される現在、地域の人々による地域に直結した平和維持機構の樹立が急がれる。国連を中心とした大規模な平和維持活動の時代から、国連安全保障理事会による正当性の認知、地域的平和維持活動への限定的な支援への移行が見られる。

難民は紛争に付きものである。二千三百万人の難民を保護し救済する任にあたってから、八年が過ぎた。犠牲者全般の福祉と安全を確保できるよう、地域に根ざした紛争解決メカニズムの確立を願うとともに、先進諸国のさらなる支援を期待したい。

# 難民問題の解決へ向かって◇二〇〇一年

## 人間の安全保障へ

　私は冷戦後の十年間、国連難民高等弁務官の任にあった。この間、東西対立が終わり、武力紛争は国家間の戦争から、国内での紛争に変容した。グローバリゼーションの波が世界中に押し寄せ、物、資本、情報に加え、人の移動が活発になった。

　UNHCRは二〇〇〇年十二月十四日に創設五十周年を迎えたので、私はちょうど、その歴史の五分の一の期間、この組織を率いたことになる。一九九一年、就任した数週間後にクルド難民危機が起こった。クルド難民の帰還作業が終わる前に、旧ユーゴスラビア連邦の解体が始まり、紛争がクロアチアからボスニアへと広がった。また、アフリカ大湖地域では、ルワンダ難民をはじめとする大量難民の悲劇が続く。

国内紛争の結果、国境を越えた大量難民の移動が増大するが、逃れた難民や避難民もさらに次の紛争の原因となっていく。また、二十世紀最後の十年間の変化に対応するために、ＵＮＨＣＲの活動そのものも変容を迫られた。新しい現実に対応するために、私自身新たな対策を打ち出し、自ら陣頭指揮をとるよう心がけなければならなかった。

ＵＮＨＣＲは五十歳の誕生日を迎えたが、これは決して祝福されるようなことではない。ＵＮＨＣＲの存在は人々を追い立てる圧政や隷従《れいじゅう》が世界に存続していることを意味するからである。現在ＵＮＨＣＲが保護し、支援している人々は難民や帰還民、五百万人の国内避難民を含め、二千二百万人を超える。今この瞬間でも、世界の人口の二百七十人に一人は家を追われた悲惨な状況にある。今後の見通しとしては、残念ながらこの先十年も、各地で地域紛争が継続あるいは再発し、強制的な人の移動が起こる可能性は排除できないだろう。

これからの新しい国連とはいかにあるべきか、何をなすべきか。

難民問題、より広義には人の強制的な移転（displacement）問題に対応することは、人間の安全保障に基づいた国際平和と安全のための最も大きな課題となるであろう。

私はここで、過去十年のＵＮＨＣＲにとって、何が成果で、何が残された課題であるかを振り返り、国際的な難民保護のために、具体的な提言を行いたいと思う。これは、五千人を擁する国連最大の人道組織であるＵＮＨＣＲが、単独で取り組むことのできるものではなく、他の国連機関、各国政府やＮＧＯと協調、協力して対応していかなければ実効を挙げることはできない。ただ、ＵＮＨＣＲは、その職員の八割が世界百四十カ国の現場で活動しており、とくに、僻地《へきち》で命の危険を冒しながら、日夜活動してきているので、実績に基づいた現場の声を伝える立場にあると思う。

## 過去十年間の成果と未解決の課題

ＵＮＨＣＲの過去十年における最も重要な成果は、言うまでもなく、何百万人という難民の命を救い、帰還に貢献したことである。

ＵＮＨＣＲは、アパルトヘイト後の南アフリカへのアフリカ民族会議（ＡＮＣ）の亡命者帰還を支援し、二十年にわたる戦闘により国民の三分の一以上が追放されていたモザンビークに百七十万人の難民の帰還と定住を可能にした。民族解放と冷戦が二重に絡んでいたカンボジアや中米での難民問題の解決も促すことができた。

カンボジアへの四十万人の帰還に続き、タイ、ラオスからの帰還の終了と香港の難民受け入れセンターの閉鎖は、四半世紀にわたるインドシナ難民の受難の終わりを告げた。また、嬉しいことに私は昨年（二〇〇〇年）メキシコを訪れ、グアテマラ難民キャンプの閉鎖にも立ち会うことができた。

難民問題の解決は時間を要するというのが数年来の教訓である。しかし、ベトナム難民の包括的行動計画（ＣＰＡ）や中米の中米難民国際会議（ＣＩＲＥＦＣＡ）のプロセスは、関係国政府の積極的な取り組みと必要な資源が確保できれば、自発的帰還、流出先地域への統合と市民権の付与、第三国への定住等、複数の対応策を組み合わせることにより、難民問題の解決は可能であることを示している。

現在まだ進行中の一部の紛争にも、解決の希望の光が見えてきている。例えば、クロアチアには、セルビア難民が帰りはじめている。ボスニア・ヘルツェゴビナでは、少数民族の帰還がいよいよ現実のものとなりつつある。ルワンダでも帰還した人々を定住させるための成果が現れてきているが、今後さらに、より多くの投資が必要とされている。

ブルンジは、平和か紛争の再発かの岐路にあるが、平和が実現されれば、ＵＮＨＣＲとしては、タンザニア政府が受け入れている五十万人以上の難民の帰還を支援することになろう。

一方、未解決の課題は山積している。コンゴ民主共和国、シエラレオネ、ギニア、リベリア等を中心とした西アフリカやアフガニスタンでは、紛争の未解決が難民問題の未解決を生んでいる。また、コーカサス地域のように、凍結された紛争と呼ばれる状況が、問題の解決を阻んでいる。西ティモールでは十七万人が自発的に東へ帰還したが、その一方で、二〇〇〇年九月のＵＮＨＣＲ職員の殺害事件以来、その半数が帰還を希望していると推定される十二万人を残したまま、ＵＮＨＣＲは撤退を余儀なくされた。

アフリカ数カ国に広がる四十万人のスーダン難民、約五十万人といわれるコロンビアの国内避難民、タイ国境付近にいる十万人のミャンマー難民、ネパールにいる十万人のブータン難民、アンゴラに二百万人、エリトリアに百十万人と推定されている国内避難民等々、すべてに言及する余裕はないが、明らかに言えることは、問題解決のためには関係各国政府の政治的決意と支持が不可欠であるということである。

## 難民解決のための三つの提言

こうした十年の展開を踏まえ、難民・避難民の問題の解決方法として、以下三つの分野における具体策を提言したい。

第一に、UNHCRの任務の中核にあるのは、家を追われた人々を保護することであるが、その保護活動の法的基盤である難民条約を再検討するよう呼びかけることである。第二に、実践的な難民保護のために、職員の早期派遣と安全を確保するための対策を強化することである。第三に、難民保護の持続性を確保するために、緊急の人道支援が動き出した後は、早期に開発支援を開始することである。

### 1. 難民保護のグローバル協議への呼びかけ

二十一世紀初頭の現在、一億五千万人が故国の外にいると推定されており、これは四十人に一人という計算になる。そのうち、約一割の千五百万人が難民である。現在迫害の恐れから故国を逃げる人は、就業、教育、家族との再会等の機会を求めて国境を渡る大量の移民に混じっている。

しかし、どの政府も政治的亡命者と経済機会を求める移動労働者とを区分する有効な方策を得ていない。欧米で伝統的に寛容な庇護政策を採っていた国でも、大量の外国人流入の圧力に直面し、厳格な入国管理政策を採用するようになってきている。UNHCRは、無差別的な入国規制が、一部の難民を、人を密輸する非合法組織に追いやる結果を招いている実態に、警告を発してきた。今後もＵＮＨＣＲは、難民保護の国際的戦略として中核的な位置付けを維持していかなければならない。

二〇〇一年は難民条約の五十周年に当たることもあり、ＵＮＨＣＲは国際保護のグローバル協議を開始する。これは条約の内容を再交渉するのではなく、その適性と有用性の継続を確保するために必要な新しいアプローチ、手段や基準を発展させることを目的としている。条約が当初想定していなかった事態についていかに対応するかについて、政府、関連機関、ＮＧＯの関心は大きく、これらが共同で考えようとするものである。出入国規制に苦慮する諸国や人権問題を重視するＮＧＯからは積極的な参加の意思が表明されている。

一九九〇年代には、一九五一年の難民条約と一九六七年の付属議定書に加盟した国は百から百四十に拡大した。庇護政策と手続きの調和を図る必要性はＥＵにおいても認識され、二〇〇〇年のニースサミットでは新たな体制作りの有意義な合意は得られなかったものの、今後も模索が続けられるであろう。

稀有《けう》な速さでの少子化、高齢化を経験している日本にとっても、合法的な外国人労働者の受け入れと難民への対応を見直していく時期に来ているのではなかろうか。この観点から、二〇〇〇年十一月に法務省が開催した日本の入国管理政策についてのセミナーは、日本政府の本問題への取り組みの真摯《しんし》な姿勢を示すものとして評価できる。難民発生の理由として、迫害よりも紛争という要因が多くなった現在においても、グローバリゼーションの流れの中で問題が複雑化しているだけに、難民保護のための国際体制の整合性がいっそう強く求められているのである。UNHCRの主導するグローバル協議への日本の参加が期待される。

## 2. 人道要員の早期派遣と安全確保

上述したように、難民が武力紛争の結果であることにとどまらず、紛争の原因や戦術の対象となっているケースが増えてきている。これに伴い、難民の支援や保護といった人道活動は、中立的な第三者による活動ではなく、紛争当事者の一方に荷担した介入であると認識されるようになっている。

これはUNHCRをはじめとする人道要員が昨今直面する最大の難問である。難民とともにいなければ彼らの支援や保護は有効なものとなり得ないが、要員が暴力行為の標的とされるような環境にあっては、やはり有効な活動など実施し得ない。通常、人道要員は紛争勃発前も後も現地におり、さらに紛争中もその場で活動していることが多い。一方、国連等による平和維持活動の立ち上げは政治的、軍事的配慮から遅れがちで、展開されないことさえ多い。このためには、表立った「人道的介入」というよりは、「支援」というべき司法協力、警察の訓練、ロジスティックスや通信面での警察への協力などが必要かつ可能な手段となろう。

昨年国連事務総長に提出されたブラヒミ報告は、平和のための活動について、危機へのより迅速な対応、事実究明ミッションの迅速な派遣、早期の解決方法の重要性、フィールド（現場）におけるプレゼンスの必要性等、重要な意味を持つ提言を行っている。

そもそも紛争前後に展開されているＵＮＨＣＲ等の人道機関の活動は、平和維持活動を補完するものとして認識されることが必要である。また、シエラレオネに典型的に見られるように、安全に対する脅威は、しばしば国境を越えて拡散することから、平和維持部隊には、国境を越えた監視のマンデート（委任権限）を与えることが求められるのではなかろうか。これは無論、難民を擁する周辺国の同意が前提であるが、こうした形態の支援が仮に得られていたならば、例えば昨年九月の西ティモールにおける三名、ギニアにおける一名のＵＮＨＣＲ職員の殺害事件を防ぐことができたかもしれない。

ＵＮＨＣＲでは、安全訓練の充実や安全のための要員の拡大等を内容とする安全管理策を、すべてのオペレーションに常時組み込むなど、安全対策のいっそうの充実に努めている。また、現在、緊急安全部局を新設、スタンドバイ協定の強化や警察・軍との連携強化にも取り組んでいる。

しかし、この問題は、ひとえに人道要員の所属する関連国連機関のみならず、国連の政治機関やNGOをも巻き込み、すべての関連国が重要視して対処しなければならないものであることを繰り返し強調しておきたい。

## 3. 開発支援のフォロー

人道支援機関が任務を終えようとする局面で、メディアの注目は薄らぎ、開発支援の立ち上がりが遅れがちとなる。このいわゆるギャップ問題は、一九九九年の経済社会理事会でも議題となり、アジェンダとしてはかなり定着を見ており、今や、主要国や関連機関の具体的な対応を待つ段階に至っている。

私は、同年一月、ブルッキングス研究所のアマコスト理事長の協力を得て、世界銀行のウォルフェンソン総裁と共催でこの問題への取り組みを呼びかけた。これを契機として、国連開発計画（UNDP）のブラウン総裁等も加えて、日本や欧州委員会、米を含む主要ドナーの参加を得た定期的な連絡協議が行われることとなった。

また日本は、「人間の安全保障基金」を創設し、具体的な支援を図ろうとしている。さらに、世界最大の技術援助機関である国際協力事業団（ＪＩＣＡ）とＵＮＨＣＲとの連携により、難民受け入れによる負の影響を軽減し、難民やＵＮＨＣＲが去った後にも持続できる開発を促すための協同プロジェクトが、日本政府の協力を得てタンザニアで生まれているのは心強い。これからも、二国間の援助をマルチの人道援助と連携させ、ＵＮＨＣＲの経験や専門性を活かしていくことにより、帰還民の定着などの面でギャップを埋めていくことができるのではないだろうか。

さらに、難民問題の解決を永続的なものとするために、紛争後の和解への第一歩として、地域のコミュニティを基礎とする「共存」というプロジェクトもＵＮＨＣＲは試みている。昨日まで戦っていた異なる民族・部族グループの人たちが、協同で小規模な事業を起こし共同作業に参加することで、やがては教育と文化の対話を共有するまでに発展させていくことを目指すものであり、すでに「人間の安全保障基金」を利用して、ルワンダとボスニアでパイロット・プロジェクトが開始されている。地域社会に根ざした国際社会のきめの細かい支援こそ、真の平和構築につながるものと期待するのである。

## 難民教育基金の創設

最後に、読者に具体的な協力を一つお願いして筆をおきたい。世界の難民の半数以上は子どもである。難民が祖国に帰った時、また国内避難民が避難を終えた時、新しい生活を立ち上げ暮らしていくためには、教育が必要である。ところが難民の多くは、とくに女児は初等教育は与えられても、ほとんど中等教育を与えられていないのが現状である。このため、私は、ＵＮＨＣＲの五十周年に当たり、「難民教育基金」を創設した。五十周年に当たっては、逆境にあってもこれに立ち向かっている難民たち、彼らの人格、耐久力、勇気を祝い、明日への夢を約束したいのである。

本年（二〇〇一年）一月、森総理は日本の総理大臣として初めてサブサハラ・アメリカを訪問し、ケニアの難民キャンプや南アフリカでの難民支援プロジェクトを視察された。二月には国会で超党派のＵＮＨＣＲ議員連盟が結成される見込みである。新日本国民に世界の難民問題に主体的に関心を持ちつづけていただくこと、また、新しい国連とは、日本が、とくに人道分野で活躍する国連であることが、私の願いである。

# 難民保護の十年を振りかえる◇二〇〇一年

## 学者から国連難民高等弁務官へ

ミャンマーの首都ヤンゴンで私はラジオニュースをたまたま耳にした。国連難民高等弁務官が本国ノルウェーの外相に就任するために辞任したという。一九九〇年十月、上智大学の外国語学部長をしていた私は、国連人権委員会の特別報告者としてミャンマーを訪れ人権侵害の調査に当たっていた。

〈まあ、随分短くてお辞めになったこと……〉

わずか十カ月での辞任に内心驚いたものだ。

帰国後、再び驚くことになる。日本政府から後任の候補としてどうかと打診があったのだ。

かつて子育てに忙しいことを理由に国連総会行きを断ったこともあるのだが、二人の子どもは自立し、既に親も看取って、家庭での務めは一段落していた。そこで、万が一後任に決定した場合には逃げ出しはしないという程度のコミットメントで候補になることは了承した。その後忘れるともなく過ごしていたのだが、世界中から推挙された候補者十五、六人から最終候補者三人のうちの一人に残ったと聞くと、俄然、意欲が湧いてきた。そこまで残って外されたらつまらない。

師走も押し詰まってペレス・デクエヤル国連事務総長から直接電話があり、一月からお願いしたいという。しかし、大学はこれから学年末を迎え採点を済ませなければならず、論文を引き受けた学生の指導もある。一九九一年二月十七日、大学の仕事に何とか一区切りをつけ、ばたばたと単身ジュネーブへ発った。

## 越境援助を始める

その半年前、イラクのクウェート侵攻があり、ペルシャ湾岸が緊張状態に陥った。中東の外国人労働者が避難民として大量に流出した。既に一月に湾岸戦争が勃発していたのだが、まずは難民高等弁務官事務所の任務、事業の概要についてのブリーフ、つまり学習の毎日となった。
私は一九六三年に国連総会に参加、第三委員会で社会・人権・文化を担当し、一九七六年からは三年間、公使としてニューヨークの日本政府代表部に赴任、平和維持活動と人権を担当している。一九八二年からは人権委員会政府代表を四年間務めた。ユニセフの執行理事会議長も経験していたので、国連は総会と同時に事業活動の側面からも見てきている。

難民保護は初めての仕事だ。何でも質問するのは教師の習性で、法的な問題、条約の問題から始まり、各部局がどういう仕事をしているかまで、あらゆる人に次々に質問する。「新しい高等弁務官は何でもあれこれ聞く人だ」と噂されていたらしい。

国連難民高等弁務官事務所（ＵＮＨＣＲ）は一九五〇年に設立された。当初は職員二十三名、年間予算は五百万ドルにも満たない小さな組織で、主に東欧の共産主義体制を逃れてきた個々の難民を援助していた。

難民とは、難民条約（一九五一年「難民の地位に関する条約」と一九六七年「難民の地位に関する議定書」を併せていう）で政治的、人種的、信条的迫害や紛争のために祖国を逃れて国境を越え他国に庇護を求める人たちであると定義され、ＵＮＨＣＲの役割は、国連の権威の下にこういった個々の難民に法的な保護を与えることであった。その後、大量の難民が隣国へ流出するようになると、その国に交渉して土地を選択し、難民の安全を確保し、衛生を考慮したトイレや水回りを整えたキャンプを設営し、食糧や医療の保護を与えるという事業が増えた。

私が赴任した当時は年間予算が約五億ドル、職員は約二千五百人。現在のちょうど半分の規模であった。就任と前後して東西ドイツが統一（一九九〇年十月）、ユーゴスラビアが分裂（一九九一年六月）、ソビエト連邦が崩壊（同十二月）し、世界情勢が大きく変化した。東西の冷戦が終結したのだ。これで難民問題の解決も早いと誰もが期待したが、それは全くの期待外れに終わる。私たちの仕事はむしろ幅広く、複雑で、困難になっていくのである。

一通りブリーフを終えたところで国連本部やＵＮＨＣＲを支援してくれる北欧諸国に着任の挨拶に出向いたが、その間にイラクではフセイン政権の迫害を受けたクルド人難民がイランやトルコの国境に流出しはじめた。予定を切り上げて即、中東に赴く。小型機でテヘランに到着すると、国境まではヘリコプターに乗り換えて行く。生まれて初めて乗る軍用ヘリコプターは古めかしく、これはいよいよ一巻の終わりかと思ってしまった。

私は一九七九年に政府のカンボジア難民調査団長としてタイ、カンボジアを視察し、ポル・ポト政権の虐殺から逃れてきた難民を見ている。難民に接するのはそれ以来のことだったが、北イラクの険しい山沿いの道をぎっしり人が乗ったトラクターが続々やってくる。その夥《おびただ》しい数に息を呑んだ。

イランは先のイラン・イラク戦争の際も独力で経済的困難などを切り抜けた大国であったが、難民の流入は百四十万人にのぼり、手に負えなくなって私たちに支援を求めたのだ。

トルコ側へ向かうと、やはりたった一週間ほどで四十五万人もの難民が国境の山岳地帯に流出していた。トルコは国内にクルド人反政府勢力との問題を抱えていることから、クルド難民を受け入れることを嫌った。難民の入国拒否・強制送還・追放を禁止する「ノン・ルフールマン原則」は難民保護の大原則であり、その観点からは受け入れ拒否は罪悪だ。しかし、ＮＡＴＯ（北大西洋条約機構）各国も受け入れを強制はしたくないと、同盟国のトルコに同調していた。

地形的にもトルコ側は絶壁になっている。まず、クウェートの主権と領土を守るために軍事行動に出た多国籍軍は、トルコ側よりも緩やかなイラク側に安全地帯をつくり難民キャンプを設営する――つまり、難民たちを彼らの自国で守ることを考えた。逃れ出た自国に再び押しかえす行為と受け取られかねず、それは難民保護の大原則に反するわけで、ＵＮＨＣＲの法務官をはじめ皆が大反対した。

従来の原則に則《のっと》れば、イラクから人々が国境を越えて逃げてくるまでは私たちはノータッチだ。しかし、一番大事なことは苦しんでいる人間を守り、彼らの苦しみを和らげることであり、その場合、「国境」というものがどれほど実質的に意味があるのだろうかと私も迷った。

私たちは多国籍軍の協力を得てイラク側にキャンプをつくり、山を下って自国内の安全地帯へと帰るクルド難民の援助を始めた。この決断は難民保護の態様を変える大きな決断であったとされるが、私自身はこの事実には大分後になってから気がついた。

「アフリカの角」と呼ばれるアフリカ大陸東部地域も紛争が絶えない地域で、同じ頃ソマリア紛争が激化していた。逃げてくる人たちを隣のケニア側で待っているのだが、何日も何日も歩いてようやく国境を越える人たちを見て、ソマリア側に入って援助することができれば、どんなに彼らの体力や精神力の消耗が少なくて済むことかと思うと、もう待っているわけにいかなかった。ここでもケニア側から越境援助を始めた。

このように国境の外側で待つのでなく、むしろ難民の中に入って緊急の援助活動を行い、しかも難民の数が百万単位という未曽有の数字になってくると、当時のＵＮＨＣＲでは対応しきれなかったため、すぐに緊急援助資金二千五百万ドルを確保した。

緊急事態即応課を設け、職員も増員し、世界各地に救援物資の保管庫を設置し、世界のどこにでも二十四時間以内に物資と専門家チームを派遣できる体制を整えた。

## サラエボの援助物資空輸

六月に入るとバルカン半島でユーゴスラビア連邦の分裂を巡る紛争が起こった。スロベニアとクロアチア、続いてボスニア・ヘルツェゴビナが独立を宣言し、とくに血みどろのボスニア紛争が勃発するに至った。コソボ紛争は一九九八年になって激化する。

東欧の諸国では諸民族が混在して暮らしている。旧ユーゴ、特に民族紛争の激化した地域ではそれが著しく、ムスリム人（イスラム教徒）、セルビア人、クロアチア人、アルバニア人、マケドニア人が混在していた。各地域の独立はそれぞれ他民族の排斥、つまり民族浄化を伴うものであった。

国家の成り立ちがあまりに異なる日本にいると理解しにくいのだが、民族問題は何十年、いや何世紀も遡《さかのぼ》った昔から世界の各地に内在し続ける「紛争の種」だ。東西の冷戦構造下にあって、それがしばらく抑えられていたに過ぎない。冷戦構造が崩壊すると、国内にマグマのように鬱積していた民族対立や社会的不正義、不公正という問題がにわかに噴き出したのだ。「紛争」は国家間だけでなく国内で起こるケースが多くなった。

一九八四年に旧ユーゴが社会主義国として初めて冬季オリンピックを開催し、世界中の人々が集った平和の町サラエボは、銃弾が飛び交う世界で最も危険な町に姿を変えていた。

一九九一年十月、ユーゴスラビア政府の要請で人道援助の主要機関となったUNHCRは、翌年七月には首都サラエボの市民への物資援助を空輸によって行うことを決めた。空輸手段は初めてであり、停戦なしの状態の戦闘の真っ只中へ乗り込んでの援助活動は、従来のUNHCRの常識では考えられないことだった。しかし、サラエボ市民は歴《れっき》とした自分の家に住みながらも町を包囲されて孤立し、食糧の調達さえままならず、国際的な保護や支援に頼らざるを得ない「国内難民」になっていた。

空輸開始後、私もすぐにサラエボに向かった。副高等弁務官が「無理しないでくれ」「無理しないでくれ」と心配し、現地にも電話をかけてきて繰り返した。

その後も度々サラエボへ輸送機に乗っていくのだが、サラエボの上空ぎりぎりまでずっと高度を保ち最後にパッと急降下する。そうしなければ砲撃を受けかねない。輸送機を降りて飛行場の倉庫の陰に入るまでの間も、国連平和維持軍がトラックなどを並べて砲弾から守ってくれる。飛行場から町までは通称「射撃通り」だ。私たちのオフィスは初めて防弾車を購入し、身長百五十センチの私は十五キロもある防弾チョッキを着せられた。大袈裟なことではない。私が降りた十分後、運転手が流れ弾を浴びて大ケガを負ってしまったこともあった。

町中のガラスというガラスが壊されていた。会議をしていると銃声がこだまするし、時々爆音で建物が揺れる。幸か不幸か次第に戦争下の人道援助の猛者となった職員たちは、いちいちドキドキはしない。

クロアチアからセルビアまで自動車で移動した時に気づいたのは、一見普通の家並みの間からセルビア系、あるいはムスリム系の住居だけが狙い撃ちにされて、家の中から凄まじい壊され方をしていることであった。本当に恨みの込められた破壊の跡に慄然とした。

援助物資の空輸は長期間に及び、今では史上最長と言われている。せいぜい二週間と思って始めたのだが、気がつくとこの空輸こそが諸外国が結束してサラエボ市民を支援していることの象徴になっていたのだ。

援助物資を輸送するに当たって、軍に守られながら行うことに抵抗を示す職員たちもいた。しかし、戦闘が激しいと、先へ行って様子を見て危険なものがあったら撤去する先遣隊の仕事や襲撃を受けた時に守ってもらうことは不可避となった。

むろん軍隊とともに人道援助を行うのが望ましくないことは言うまでもない。しかし、軍というものは戦闘をする集団と決めつけがちだが、空輸、空路の管制、港湾や空港での大きな物資の積みおろし、キャンプの設営などのプロである。いかに軍との協力を図っていくか、これがＵＮＨＣＲのみならず戦闘下の人道援助の課題であろう。

## 私の怒り

サラエボへの援助物資の輸送をサスペンド（一時中止）したことは、国連を揺るがす大事件としてすっかり有名になった。あれは私の怒りだった。

それは一九九三年二月、セルビア系勢力が、援助物資を運ぶ私たちのトラックがセルビア勢力下の東ボスニアに点在するムスリム人の村に入ることを妨害したことに始まった。ムスリム側は飛行場からサラエボの町までのルートを閉鎖し、援助自体のボイコットに出た。世界に向け、孤立するムスリム系の人たちの運命と、セルビア側に対する非難をアピールするためである。極めて政治的な行為だ。

人道援助が政治的に利用されることは断固許せなかった。私は援助物資の輸送を一時停止することを発表した。

国連安全保障理事会でも「和平の交渉が頓挫する」「一難民高等弁務官がこのようなインパクトある決断をしていいと思っているのか」と議論が沸き、私はニューヨークから大分叩かれた。

結局は数日後にサラエボ市当局が、ムスリム側の状況をアピールする目的は達成されたと、むしろ謝意を表しボイコットをやめ、ブトロス＝ガリ事務総長からの指示もあって援助を再開した。

実はサスペンドは何度か行っている。援助物資を積んだイタリア軍の輸送機が撃墜され、パイロットが死亡するという事件が起きた時も援助を停止した。

それを再開すると決めるのは、やはり援助が必要だからだ。必要性と同時に、援助活動の安全性がどこまで確保されるかも重要だ。そのため、難民や援助活動自体が武力攻撃を受けることのないよう、私たちは紛争当事者たちと交渉を重ねなければならないのだ。

ガラス窓が破れたサラエボの町では、私たちのアイデアマン職員がＵＮＨＣＲのプラスティック・シートと窓枠になる材料や大工道具を市民たちに配布し各家の窓を直して暮らしてもらった。プラスティック・シートなら割れる心配はない。大統領府の窓もUNHCRと書かれたプラスティック・シートで覆われていた。アメリカの視察団が町中に溢れるUNHCRのロゴ入りの窓を見て、こんなにたくさんのオフィスを持っているのかと驚いたという笑い話もある。

## フツ族の戦犯難民も保護すべきか

最も犠牲が大きく痛ましかったのはルワンダ難民である。ルワンダは東アフリカの小国でツチ族とフツ族の争いが歴史的に続いている。植民地時代はツチ族が登用されていたが、社会革命が起こってツチ族とフツ族が争い、一九六二年の独立後は多数派のフツ族主導の政権になる。この時はツチ族が同じツチ族が支配するブルンジや、隣国のウガンダに難民として流出している。

一九九四年、大統領の飛行機事故死をきっかけにフツ族過激派によるツチ族虐殺が起こった。八十万という大量殺戮《さつりく》である。今度は報復を恐れるフツ族が周辺諸国に逃れた。UNHCRの概算では百二十万人がザイール、五十八万人がタンザニア、二十七万人がブルンジ、一万人がウガンダに流出した。

コレラの流行がザイールに逃れた人々の命を奪った。私がザイールの国境沿いのゴマの難民キャンプを訪れた時も、日に約二千人が死んでいった。当時、ゴマには一年に一、二回は足を運んだ。非常に運営の難しいキャンプだったのだ。

難民の中にはフツ族の軍人、民兵も含まれていた。彼らこそ虐殺を行った戦争犯罪人である。難民を保護すれば保護するほど戦犯も保護することになる。私は事務総長に一般の難民と犯罪人の仕分けをするための軍を出してほしいと交渉したのだが叶わず、戦犯も含めた難民のキャンプ経営をしなければならなかった。

非難囂々《ごうごう》だった。NGOの中には虐殺者まで援助することは倫理に反すると、キャンプからの引き揚げを宣言し、私たちのやり方に抗議する人たちもいた。私もこう言うしかなかった。

「あなたたちは自由だ。私は難民保護の任務を国連から預かっているから、難民がいる限り、いやですといってここを出るわけにはいかない」

しかし、キャンプの中の軍人や民兵が事を起こさないようにしなければならない。ザイールの近衛兵と警察のエキスパートに私たちのオフィスのコンサルタントになってもらい、キャンプ内に武器を持ち込まないように、また、物資の貯蔵倉庫が襲撃されないように監視し、そしてルワンダに帰りたいという難民は安全に国境まで送るという役目をお願いした。最初は効果があったが、やがてザイールの内戦に巻き込まれてうまく機能しなくなってしまった。

ルワンダの新しいツチ族政権は、避難先のウガンダから帰還した、かつての難民である。彼らは、ザイールにいるフツ族難民を私たちが保護することを非難し、一方のウガンダに残るツチ族難民に対してはもっと援助することを望んだ。新政権はずいぶんプレッシャーをかけてきたが、私たちはウガンダからルワンダに帰還したツチ族にも、ザイールの内戦が激化したために半ば強制的に帰されたフツ族にも、同じように復興援助をした。彼らの家を直し、病院をつくり、学校を建てた。

昨年ルワンダを訪れた際、大統領が自分たちは若い国で経験が浅く、勲章を出すなどということはやったこともないが、これをあなたに差し上げたいと、額を下さった。

額にはこう書かれている。

「あなたはルワンダの友であるということを布告する」

UNHCRという組織の置かれている立場の難しさを理解し、私たちが何とかして犠牲になっている人たちを守ろうとしたことをわかってもらえたのだ。

人間の集団というものはどろどろした恨みを持ち、それは人間の本性から発生するものでどんなに酷いものか思い知らされた。そんな中で努力し続けていくと明るさが見えてくることがある。いただいた額を見ながら、私はそんな明るさを感じていた。

## 権力を取り込む現実性

国連では何度も人権問題を担当してきたが、私は「人権屋」ではない。人権の見地に立つと権力に対峙して人権を守ろうという発想になるが、人道援助の場合は、権力側をいわば取り込むことによって人間の生命や尊厳を守ることに努めなければならない。

私がこの十年向き合ってきた難民はみな犠牲者であり、確かに多くの場合が政権の犠牲者、権力の犠牲者たちだ。この犠牲者の人権を守ろうと権力側と戦ったところで、必ず彼らの生命を保全できるかというとそうはいかない。その流出した人たちにどういう手当てをするか。食糧、医療、教育の機会を与えることは、人権を守るというだけではなく彼らが現実に生きるために必要となる。そして彼らが望むのは安全に家族と一緒に通常に暮らすことができるようになることだ。それを人道の見地から権力側に要求し、応えてもらうことが現実には必要だ。

戦争はいけないと叫んでみても実際に戦争があって、一番弱い人たちが犠牲になっているのだから、まずは目前の被害者を保護しなければならない。その上で状況がよりよくなるチャンスをつくっていくほうが実践的である。

ルワンダにはコンゴ民主共和国（旧ザイール）難民のキャンプがある。実は、ここにはオガタサダコがいる。三年前に私が訪れた時に生まれた子どもだ。私の名をつけるということは、私たちがキャンプを整備し学校を建てて難民を支援してきたことを喜んでもらえている証左であろう。

オガタサダコ一家には牛を贈った。ルワンダでは牛が最も上等な贈り物だ。私も以前、ルワンダの女性たちの更生計画を支援したお礼として一頭いただいている。連れて帰るわけにいかなかったのでキャンプに残してきた。プレゼントしたのはその牛が生んだ子牛だ。

何百年の怨念が渦巻くバルカン半島でも昨春から、故郷を追われた人たちが自分の家に戻り始め、壊された家の掃除をし、一部屋ずつ修繕している。デイトン協定による和平が五年続き、やっと他民族同士が一緒に暮らす以外しかたがないんじゃないかという気持ちになってきたのだ。辛抱強く支援すれば、このように状況は緩和されていくのだ。

状況を変えさせて難民問題が解決した例もある。例えば、カンボジア難民問題だ。

国連のカンボジア会議が主導して和平を成立させて、一時的に国連軍も出して統治する。その過程で私たちは難民の帰還を図った。四十万人もの難民が故郷に戻っていき、最後のサイト2という大きいキャンプを閉鎖するに至った時は感動を覚えた。

ウクライナのクリミア半島でも嬉しいことがあった。第二次世界大戦中、スターリンはクリミア半島に住むタタール人をウズベキスタンに追放している。戦後、彼らは戻りたくても帰る家がなくなっていた。そのため、私たちが既存の公共の建物をアパートに改築した。費用には日本の財界から拠出された難民基金を充てた。

このアパートで暮らす二人の女性が、やっと先祖の墓の近くに戻ってくることができたのはＵＮＨＣＲがアパートを用意してくれたお陰だという。あんなに温かくお礼を言われたことはない。

スターリン、ルーズベルト、チャーチルによって、日本の敗戦の契機となったソ連の参戦を決めたヤルタ会談が行われたクリミア半島に、日本の民間が拠出したおカネで住居をつくり、それを喜んでもらえているというのは、なんという歴史の巡り合わせであろうか。

## 任期を終えて

昨年（二〇〇〇年）十二月をもって三期十年にわたる国連難民高等弁務官の任期を終了するに当たり、十月の執行理事会で、難民問題について「解決」「解決に向かっている」「解決のメドが立っていない」というバランスシートを作成して報告した。

解決とは難民が難民でなくなったケースだ。アフリカではモザンビークをはじめとして百七十万人の難民が故郷に帰り定住することができた。アジアではインドシナ難民問題が終結し、中央アメリカではグアテマラ難民の帰国とメキシコ定住によって私たちの業務を終結することができた。

ボスニアやルワンダは前述のとおり解決に向かっている。

目処が立たないのは、アフガニスタン、コーカサス、チェチェン、スーダンだ。とくに悪化するのを恐れているのは西アフリカで、ギニア、アンゴラあたりは手がつけられない状態だ。昨年秋には西ティモールとギニアで私たちの職員が惨殺されている。

ＵＮＨＣＲはいつも難民の傍らにいなければならない。難民の多くは熱帯雨林、砂漠、山岳など自然環境の厳しい地に身を寄せている。したがって職員たちもこういった僻地で救援活動を続けている。しかも、近くでは戦闘が繰り広げられていたり、あるいは戦闘地域そのものだったりする。

私自身も一年のうちの半分以上は現場に出ていた。もともと心配性ではないので大した覚悟もなしに出かけていたが、ブルンジで途中から急に帰るようにとセキュリティー・オフィサーに言われたことがある。理由も聞かずにそれに従った。帰れというからにはそれなりの理由があるのだから。後から、実は命を狙われていたとの情報が入ったと聞いた。

焼き打ちに遭った事務所もある。殺害された職員もいる。それでも職員たちは現在二千百万を数える難民たちを支援するために、それぞれに危険な地域で奮闘を続けている。UNHCRの五千人の職員たちは、いわば私の戦友だ。常に相談し、情報を分け合った。私はとてもいいチームを持つことができたと感謝している。

## 現場から来るインパクト

私は、初の学者出身の難民高等弁務官である。

子どものころ、外交官をしている父の書棚は外交関係の書物で埋め尽くされていた。

そのような環境に育ち、私も外交史、アジア、日米関係、日中関係をテーマに勉強し、政策決定過程の理論も研究してきた。どうやって人が政策決定をするのか――。私たち昭和ヒトケタ生まれの世代は、どうして日本が第二次世界大戦に突入する針路を採ったのかを解明しようと研究に励んだ。

しかし、高等弁務官になってからは徹底して現場主義になった。研究者として公文書館などでドキュメンツを山ほど読んでものを考えてきたが、現場から来るインパクトは強烈で、現場からものを考えないと問題の解決には向かわないと強く感じるようになった。

政策決定過程論も勉強してきたが、ものを決める時は迷う。しかし、悩み続けるハムレットではだめで、決断する時は一種の度胸だ。自分自身の目で現場をよく見て、あるいは現場に派遣した職員の話をよく聞いていると、こう決定するしかないという決断が湧き上がってくるのだ。

学者上がりだからこそ、培ってきた物事を分析して考える習慣や体系的にものを見る習性を活かして現場から得たインパクトを分析、原因を追究し、自信の持てる判断を下すことができたのだと思う。五千人の職員も皆、私の決断を待っている。そして私の決断に五千人がよくついてきてくれた。

赴任中に国際政治体制は大きく変化して、それが人道援助のフレームワークを大きく変えた。従来は行わなかった、難民を自国へ戻して復興を支援するという役割も担うようになった。

キャンプはあくまでも〝つなぎ〟でしかない。なるべく早く自国に帰って、あるいは受け入れ国で同化して、それができない場合は第三国へ行って普通の生活を立て直すことができるように支援しなければならないのだが、いかなる場合も教育が今後の彼らにとって有意義であることは間違いない。私たちはある程度の食糧、医療とともに教育の機会を与えるようにした。キャンプに学校をつくったり、手仕事を教えたりしている。

UNHCRが五十周年を迎えた二〇〇〇年は、「五十周年難民教育基金」を設けた。この基金でさらに手厚い教育が施せるようになればと切に願っている。

異民族が協力できるようなプログラムもいろいろ作成し、共存を支援している。

私の今後の課題はまず、人間の安全保障委員会の共同議長としてこれを発足させなければならない。難民教育基金の募金にも回ろうと思っている。UNHCR退官後しばらく何もしないと宣言していたのだが、なかなかゆっくりできそうもない。

# Ⅲ　難民援助の仕事を語る

UNHCR／S.Foa

ヘルメット、防弾ベストを着用して戦時下のサラエボを視察。1993年７月

# 経済大国から人道大国へ◇一九九一年二月十三日収録

聞き手　本間長世

## 難民をどのように定義しているのか

**本間**　最初に、国連難民高等弁務官事務所（ＵＮＨＣＲ）というところでは、難民をどのように定義しているのか、国連の仕事として何を任務としているか、緒方さんはどういう仕事の最高責任を担われるのか、ということからうかがいたいのですが。

**緒方**　難民の問題は、世界史の上で新しい問題ではありませんが、難民の現実と国際協力の拡大は、比較的新しいことです。まず先例として、一九二〇年代に、国際連盟がフリチョフ・ナンセンに対し、ロシア革命で出てきた難民の第三国への定住を支援し、法的な保護の任務を与え、そのための機関を設けました。第二次世界大戦後、一番大きな仕事だったのは、大戦中に本国にいられなくなった約七百万のヨーロッパ人を定住させるか、帰還させることでした。

国際連合になってからは、国際難民機関が四年半存在し、ヨーロッパに多かった難民を定住させました。その後、国連難民高等弁務官が、一九五一年に国連総会で任命され、私が今回八代目の高等弁務官となったわけです。今年（一九九〇年）は四十周年で、普通はお祝いをするのですが、この仕事ばかりは、難民の流出もなくなり、高等弁務官も必要なくなってしまった方がいい性格の仕事ですので祝うというわけにはいきません。しかも難民の数は増え続けています。

難民とはどのような人を対象としているのですか、とよく質問されます。難民を一番きちんと定義づけているのは、「難民の地位に関する条約」（一九五一年）と、国連難民高等弁務官事務所の規定です。その定義の中心にあるのは、「政治的意見等を理由に迫害を受けるおそれがあるという十分に理由のある恐怖を有するために、国籍国の外にいる者」というものです。「等」の中には、宗教や信条が入っていますが、やはり中心は政治的な理由で国を出てくる人たちです。

その後アフリカ統一機構（ＯＡＵ）ができた時に、アフリカ統一機構難民条約（一九六九年）というのができました。ここでは、「政治等の迫害」に加えて、「外部からの侵略、占領、外国の支配または出身国もしくは国籍国の一部もしくは全体における公の秩序を著しく乱す事件の故に出身国または国籍国外に避難所を求めるため常居所地を去ることを余儀なくされた者」というのが加わりました。

**本間**　今のクウェートの人たちがそうですね。

**緒方**　はい。第二次世界大戦後の国際政治に合った形の定義が、ここで出てきたのです。この条約でもその定義の中心は、法的な保護と救済にあります。

難民の数ですが、最近は大量に流出し、総会の決議とか事務総長の報告で、彼らを保護してほしいという要請が多くなっており、難民高等弁務官の対象となる人たちは現在では千五百万人と言われています。

難民現象が大きくなってくるのは、その理由が複雑になってきているからだと思います。「公の秩序を著しく乱す事件」というのは、政治的にも経済的にも生態系の変化によっても出てくるわけですね。こうしたことで、人間が移動を始め、緊急状況が続出しているわけです。

## 難民保護と救済の仕事とは

**本間**　保護と救済というのは、具体的にはどういうことなのでしょう。

**緒方**　まず難民は、自分の国から出るわけです。すると、どこかの国に一次庇護を求めなければならない。それを法的に守ってあげるには、一次庇護を与える国と交渉しなければならない。これがなかなか難しいことなのです。押し返したい国は、当然存在しますから。

難民問題の原則として、迫害の恐れのある国から出てきた人たちを、迫害の恐れのあるところへ戻してはいけない、ということが認められています。しかし、戻してはいけないということと、どういう場所を与えるかということは、別な問題です。一九七九年に、インドシナ難民、特にカンボジア難民がタイに流出しました。この時私は、政府の調査団の団長としてタイに行ったのですが、私が難民問題に直接かかわったのは、まずタイ・カンボジアの国境でした。タイのクリアンサック首相は、「本当は国境を開けたくなかった。自分の国も貧しいのに、大挙して難民が押し寄せてきたら自分の国ももたない。しかし自分の目で国境にいる難民を見たら入れないわけにはいかないと思った。そしてタイの国境を越えたところで難民キャンプをつくった」と言っていました。

このように難民が大量に入ってくると、周辺の人たちも被害を受けて被災民になる。難民に代わって、政府に対して保護を求めて交渉することから仕事は始まるのです。

それから、食料、医療、またキャンプ等を建設していく救済も重要な事業です。

**本間**　今おっしゃったことの中には、救済も入っているのですか。

**緒方**　救済とは、キャンプ等を設け、難民が安全に生活できるようにすることです。

**本間**　難民キャンプは、本来は一時的なものとして考えられていたのでしょうが、そこで何年も暮らしている人たちが出てきましたね。

**緒方**　長いキャンプ生活をしていると、それなりの問題も出てくるようです。

**本間**　子どもが大人になるぐらいの期間でしょう。教育はどうなっているのですか。

**緒方**　例えばインドシナ難民の時も、日本の「幼い難民を考える会」の方々が、小さい子どもの教育をいろいろ工夫して、活動されていました。そうしたボランティアの活動にずいぶん頼っています。

## 国連難民高等弁務官事務所の役割とは

**本間**　ジュネーブに本部はあるのでしょうが、その活動からして、全世界に支部があるのですね。

**緒方**　はい。百以上ありますね。

**本間**　何人ぐらいの人たちが働いているのですか。

**緒方**　難民高等弁務官事務所の職員は、全体で約二千人です。そのうち、四分の一が本部にいて、四分の三が現地にいるわけです。

先ほどから申し上げているように、難民に対する保護と救済が事業の主体ですが、この事業は任意拠出によって賄《まかな》われています。ですから、私の大事な仕事に、お金集めがあるわけです（笑）。

二年ほど前に大変な財政危機に陥ったのは、お金が集まる以上に難民事業が増加したからです。お金を出してくれる第一位はアメリカで、国連離れをしていた時も第一位でした。そして次がヨーロッパ諸国。

**本間**　事業の運営自体も、任意拠出に頼っているわけですか。

**緒方**　そうです。国連本体は国連分担金で賄っていますが、一般的に事業をやっているところは、任意拠出です。事業費の全部を国連分担金で賄うと、国連の財政はどうにもならなくなります。事業によっては、任意拠出の方がうまくいっている場合もあります。開発途上国も出しますしね。ただ難民は増大していますから、お金集めは容易ではありません。

**本間**　本来ならば拡大すべき性質の事業ではないのだけれども、難民が増えてきたから、拡大しなければならないということですね。難民が大量に出ることは、最初は考えられていなかったのでしょう。

**緒方**　事業を拡大することと関連して、もう一つ大事なことは、きちんとした行政をすることだと思います。「きちんとやっていますから、お金を出して下さい」ということです。その上で、難民が増えているのをどうするか、ということが問題になってくるわけです。

世界政治の構造変化で、かつて植民地だったところが、みんな独立してきました。独立を果たした主権国家が、政治的にも経済的にも弱いことから、難民の増加は始まるのでしょう。その弱さの背景に何があるのかと言うと、経済的な自立ができないということ、社会的にも不平等があるということ、政治的には圧政があるということ、などがあげられます。

今日の世界はマグマの上にあるようなものだと言っていいと思います。時々噴火するわけです。マグマのような状態が、戦後の国際政治だと思うのです。しかしそれは、冷戦構造によって抑えられていた。現在は、その抑えが取れたために、マグマの活動が活発になってきたのです。ですから、当分、政治的にも経済的にも、不安定な状況が続くと思います。続くかぎりは、難民の大量流出も続くでしょう。

## 難民を防ぐために開発が必要

**緒方**　第一次世界大戦の時に出てきた難民は、ヨーロッパの人々です。この人々は、定住か本国への帰還で済んだのです。ところが現在の千五百万人の難民は、ほとんどが開発途上国の人々です。定住や本国への帰還で簡単に済む問題ではなくなっている。

　ですから私は開発と難民というテーマで考える必要があると思います。もう一つ、世界政治と人間の移動というテーマも必要です。

　難民が増えてくると、流出の防止策を考えなくてはいけない、という声があがってきます。防止するためには、開発途上国がまともな開発をしていく必要がある。政治も経済も安定している状態でないと、人間は逃げるわけです。今は、紛争に付随した難民が増えています。それぞれの国が、貧困の問題や社会開発に手を伸ばさないと流出は止められないと思います。

**本間**　ベルリンの壁が意味していたのは、東ベルリンから西ベルリンに逃げようとした人々を、東側が抑えようとしていたということです。流出を自ら塞《せ》き止めていた。その力は今なくなったわけですね。

**緒方**　塞き止めているその内側で、不十分であったとしても、ともかく援助は行われていたわけです。第三世界においても。

**本間**　それができなくなったから、壁もなくなったという面もあるでしょう。

二十世紀は帝国主義の解体があり、アメリカのウィルソン大統領が言った民族自決が叫ばれた。民族自決は、非常に結構なことですが、そのコストの一つが難民を生み出す潜在的可能性を作ったということです。

**緒方**　おっしゃる通りです。東ドイツの人々がハンガリーを通って動き出したのは、一昨年のことですね。ある民族が自らの生き方を模索しだすと、その陰にいた少数民族も自決したがる。それが、東欧の変化の誘因になっています。

国が少し自由化すると、人の動きも自由化する。労働者はもっといい生活環境を求めて移動します。これは難民ではないですが、世界の不安定要因になります。

バルト三国が注目の焦点になっていますが、リトアニアには、リトアニア人もいるけれども、ロシア人もいるのですね。そういう人たちが、少数民族として差別されて危険だと考えて外へ出ると、それは難民流出になる。

これだけ難民が流出する背景には、情報網と運輸手段の発達があります。この二つは、二十一世紀の人口移動の大きな要因になると思います。よりいい生活をしているところがある、という情報の広まり方が、昔とは違うのです。東ドイツの人々は、西ドイツのテレビを見ていました。それがどれだけ大きなプル・ファクターになったことか。東南アジアの人々が、何で日本に外国人労働者として入り込んでいるかというと、日本がプル・ファクターを持っているからですね。

## マスコミが注目しなければ事件は存在しない

**本間**　そこで、産業の問題が入ってくるのでしょう。先進諸国の生活程度が高くなった。開発途上国でも、戦後数十年の間で、かなり発達し、高い水準を達成した国もありましたけれども、大半はそうではない。世界を見渡しても、豊かな国は本当に少ない。富の配分が不公正になっている。

今、日本では３Ｋという言葉が使われますね。

**緒方**　きつい、汚い、危険。

**本間**　そのための労働力が少なくなってきて、外国人労働者をどうするかという議論とは別に、なしくずし的に入れてきているわけですね。小さな喫茶店に入っても、外国人労働者が働いているという状況です。

**緒方**　外国人労働者は緊急状況のもとで避難民になる可能性が大きいのです。湾岸戦争で、難民と避難民を一緒に救済しようと、国連の諸機関は湾岸人道計画を立てました。クウェートは、外国人労働者で成り立っている国ですね。この人たちは去年の夏から百万人くらい帰ったのですが、当時帰った人々は帰る国があるのです。ところがクウェートやイラクの人たちが国を出た場合には、第三国への定住か、一時外の国に滞在して本国へ帰れるのを待つか、いずれかです。

問題は、誰が外国人労働者を引き受けるか、ということです。難民高等弁務官が、彼らをすべて引き受けることはできません（笑）。そのための協力体制の充実は必要です。

**本間**　経団連が、避難民の救済に関して、民間からの協力を考えることを、難民高等弁務官と話し合ったようですね。

**緒方**　その場合も、難民と避難民を一緒に考えているようですね。最終的に、第三国に定住させるか、本国に帰すかは、別の問題です。一時的にどうするかです。

湾岸問題に関連して、現在の難民問題を考えた場合、二つの特色があると思います。まず、国連の諸機関が一緒になって、湾岸から流出すると見られている四十万人の難民のための緊急援助体制を組みました。このように、難民高等弁務官、ユニセフ、世界食糧機構などが一緒になって、かなり調整のとれた総合計画を立てたことは、今後のモデルになっていくと思います。

もう一つの特色は、湾岸については世界中が注目してくれるけれども、アフリカには注目がいかないということです。

湾岸からの大規模な流出はまだないのですが、アフリカでは、ソマリアが危険な状況になって、みんな逃げていた。今やっと政府が代わり、これから国際機関の人々が戻って、難民を吸収する事業が始まるでしょう。昨年、リベリアからは、七十五万人が周辺の国に流出した。これらに注目がいっていないのです。

極端に言ってしまうと、マスコミの注目がいかないと、事件は存在しないという状況はある（笑）。私は、湾岸を契機に、いろいろなところに難民問題が起こっていて、そのための支援体制を組まなければならないという意識が広まればいいと思っているのです。

## 日本にマスコミを超えた支持層を

**本間**　難民問題について、お気の毒ですね、と言っているだけでは、日本の国際的な地位から考えても、務めを果たしたことにはならないわけですね。そうかといって、マスコミで大きく取り上げられないと、注意がいかないというジレンマがある。日本国民ならびに政府が、どういう貢献ができるか、湾岸戦争によって難民問題が注目されていますが、それをきっかけにして、考えるべきだと私も思います。

日本政府としては、どのように考えているのでしょう。

**緒方**　ここ十年ほど、国連難民高等弁務官事務所に対する日本の支出は増えましたね。日本ができることは限られているのです。今度の湾岸問題でも、日本は武力行使をして世界に貢献しようとは考えない。武器を売ろうとも考えない。基本的に平和志向です。そのため国際的な貢献は、人道的なものになる。

これから日本は、経済大国から人道大国になってほしいと、私はアピールしているのです。苦しんでいる人のために、徹底的に援助するということになると、国際的に評価されると思います。その一環として、湾岸戦争での貢献は、大きなアイテムになるわけです。

そうなると支援は、湾岸問題で被害を受けている国への、財政援助が中心となります。しかし、国が行う援助だけでは間に合わないのですね。すると、経済界とか市民の援助が必要になる。これは何よりも、本当に国民の理解がないと、長続きするものとはならないのです。マスコミを超えた支持層を作らなければならない。そのためには、恒常的に必要な情報を流す研究会を作るとか、講演会をするとかしなければならないと思います。たとえマスコミが冷めた対応をしていたとしても、確固とした支持層が常時いる状態にしたいですね。

**本間** 難民高等弁務官事務所の日本人スタッフは何人ですか。

**緒方** 三十人足らずだと思います。

**本間** 緒方さんは国際公務員になられるわけですが、国籍を離れて活動することになりますね。しかし同時に、日本の外務省をはじめとするバックアップ機関がなければやりにくい面もあるでしょう。

**緒方** それはそうです。他の国に行って、資金協力などのお願いをする時に、日本政府はこれだけのお金を出すようになりました、日本はこれだけの支援体制ができました、といったことを言いたいわけです。今せっかくそうした機運があがっていますから、それを組織化して、同じような組織を他の国もつくるようになればいいですね。他の国も同じなのです。難民が流出して〝かわいそう〟となるのですが、恒常的な関心はなかなか難しい。

私が難民高等弁務官に指名されたのは、いろいろな偶然もあるのですが、日本に対する期待もあったということは、無視できないことでしょう。日本はここ十年で財政的な支援が大きくなり、数は少ないけれども難民を受け入れるようにもなってきた。この際、日本人に難民高等弁務官をさせることによって、経済力に見合った貢献をさせよう、あるいは、もっと日本の中に難民を受け入れてほしい、という世界の期待があると思います。私は人質ですね（笑）。

**本間**　緒方さんが人質なら、救出作戦をしなければなりませんね（笑）。

**緒方**　エネルギー問題でも環境問題でも、日本がもっと大きな役割を果たすことに反対する国はないでしょう。

**本間**　いい暮らしができるならば、他の国に出かけていく。自分が生まれた土地を愛するのだけれども、政治的な迫害があったり、自分が受け入れることができない宗教を押しつけられたりで、出ていかなければならない。こうした状況は、今後ますます深刻になっていくでしょうから、日本の役割も大きくなりますね。

**緒方**　日本がマグマ的なものにどれだけ対応できるか、世界は見ているわけです。湾岸戦争での対応は、日本とアメリカ、日本とヨーロッパ、日本とアジア、これらの関係の協力のアイテムになるわけです。今こそ日本は、しっかりした外交方針を示してほしいと思います。

**本間** 日本は、環境問題に対しては最近深刻に受け止める風潮がありますが、難民問題については、これまでのところ、身近に感じる機会が少なかった。今後は、エネルギー、環境と同列に並ぶ問題だと認識することが一番大切なことですね。

**緒方** 湾岸問題で大きなレッスンになったことがあります。クウェートに外国人労働者がたくさんいました。彼らは自分たちの財産を捨てて帰るわけです。その帰る国は彼らの稼ぎに頼っていた。エネルギーの値段は上がり、外貨収入は減る。湾岸問題はアジアの経済、アフリカの経済、東欧の経済の問題でもあったわけです。経済的にも人間的にも、後遺症は大変なものでしょうね。

**本間** 緒方さんの仕事は、単に国連の活動だけでなく、多国間の協力に側面から働きかけることも、重要な仕事なわけですね。

**緒方** 私のような民間の学界の出身者は、わりにネットワークが広いから、それを大いに活用していこうと思っています。つまりそれは、学会にこういうテーマで考えていただきたいとか、シンクタンクにこういう政策提言をしてほしいとかを、もちかける働きかけです。国連は、そうしたところとのネットワークを作っていかないと、浮いてしまうわけですね。

**本間** 私は緒方さんを長い間存じあげていますが、今までのご経歴と学問的な蓄積とを考えると、今日本が送るべき高等弁務官として、もっとも適した方だと思います。民間から出たという強みを十分に発揮していただいて、私たちが代表選手として送ってよかったと思うようになってほしいですし、私たちも緒方さん自身を難民にさせないことを覚悟しないといけないと思っております（笑）。

（ほんまながよ・東京女子大学教授／二〇一二年逝去）

# 人道援助とＰＫＯの連動◇一九九六年十二月二十七日収録

聞き手　竹田いさみ

## 冷戦後の難民問題

**竹田**　緒方先生は研究者としてのバックグラウンドをお持ちで体系的にものを分析され、それを実際の政策課題に応用して、現在の難民問題に対応しておられると思います。では、冷戦後の今の世界をわれわれはどう理解したらよいのでしょうか。

**緒方**　体系的に理解するというのは、答えを持っているということではなく、何が問題なのか質問ができる、ということではないでしょうか。問題提起をしていくうえで、私は研究者の訓練は非常にいいと思います。研究者の仕事は常に問題を提起し、その答えを見つけていこうとすることですから。実務というのも、いったい次の課題は何かといろいろな要素を総合的に見ながら、どういう答えを求めるかというプロセスですから、問題提起と解答というのは実務のうえでも役に立つ思考方法だと思っています。

私が難民高等弁務官に就任したのは、完全に冷戦構造が崩壊した時期と重なっています。冷戦時代は、ある意味では国際政治の構造が固定化されていて、自分がどこに属し、仕事が何かということがわかった時代です。

それは難民保護についてもはっきりしています。難民というのは、大きな意味で政治的なさまざまな迫害によって国境を越え、国際的な保護を受けなければならない人であると難民条約で定義されています。しかしそれも、冷戦構造を前提としてできていた条約でした。そして難民高等弁務官は、いつも国境の外側にあって難民に保護を与え、その保護の一つの形態として援助を与えてきたわけです。

ところが現在の世界では、まず第一に、国家の戦争よりも、国内紛争が国際的な不安定を巻き起こしています。国際的な平和と安全の確保という国連の使命が国内紛争によって脅かされてくる時、どう対応するかが政治上の重要課題だと思います。

難民の問題では、必ずしも国境の外で難民を受け入れるだけではなく、紛争の震源地そのものに入って犠牲者を保護しなければならない時代になり、非常に仕事の内容が多様化しました。

**竹田**　世界で内紛、内戦と呼ばれているものが約九十、それに伴って国内避難民が今五百四十万人ぐらいいるということですが。

**緒方**　全体ではもっと多いでしょう。私どもが直接関与している国内避難民だけで五百四十万人ぐらいだと思います。

**竹田**　日本はアジア太平洋地域に属していますが、今の世界像では、アジア太平洋地域は内戦、内紛と遮断されている別の世界だというような見方もありますが、どうお考えでしょうか。

**緒方**　アジア地域は、今は紛争が減っているかもしれませんが、冷戦を原因とした難民、インドシナ難民ではものすごく揺れたわけですし、中国革命のあとでもたくさん難民が出ました。朝鮮半島も安定した状況にあるとは言えません。ＡＳＥＡＮ（東南アジア諸国連合）諸国の中でも、国内に不安定要因がある国がありますから、難民保護という状況が出てきた時にどうやって早く対応するかの知識とトレーニングは必要だと思います。

**竹田**　難民条約では国境を越えた人を保護するということですが、今の時代は違うというご指摘がありました。いわゆる国内避難民を支援するという場合、日本人は難民と国内避難民の相違と、国内避難民にどこまで対応していいものかという判断や判断基準をどこに求めたらいいのかわからないと思うのですが。

**緒方**　これまでのいわゆる難民の場合、ＵＮＨＣＲは、難民を保護するというマンデートに基づいて、国連総会、安全保障理事会、事務総長などからの要請がなくとも保護することができました。

しかし、国内避難民の場合は、どこからかの要請があることを一つの前提としています。そして、ある一つの紛争あるいは政治的迫害が原因で、いつも住んでいる所から移動せざるを得ない人たちの一部は国外に逃れて難民となるけれども、その他の人々は国内にとどまっているという場合があるとします。その場合、国内にとどまっている避難民に対しても保護と援助を与えるということを私たちの一応の指針にしています。ですから、同じ原因で人が移動した時、難民と避難民とは分けないのです。

避難民という言葉は必ずしも正確ではなく、国内難民と呼んだほうが正確ではないかと思うのです。ただ、国内難民と呼んだ時に、違った原因、たとえば自然災害で人が動いた時の場合などを国内難民と呼ぶべきかどうかという問題はあるのです。

## 人道援助とＰＫＯのリンク

**竹田**　次に人道援助の問題に移りたいと思います。日本人が人道援助を理解するのはなかなか難しいようです。人道という言葉の意味は理解できるけれど、国際機関、国家としての人道援助とはいったい何なのか。欧米の場合は、人道援助を政治的な駆け引きに利用するなど、非常にうまく機能させて国家の外交政策と一体化した形で行うというケースもあると伺っていますが。

**緒方**　人道援助というのは、紛争あるいは戦争の中で犠牲者である人々に対して保護と救済を与えるということだと思います。一般的には、国連などでも、物資を与えることに重点があるのですが、本来なら保護を与える国家というものの力が弱まったか、あるいはその力が及ばない範囲にあるから、国家に代わってある程度保護を与えなければならない。その手段として物資の援助というものがあるわけで、ただ、チャリティで物を与えるというのとは違うわけです。

**竹田**　冷戦後の世界で人道援助を展開していくというのは、国連平和維持活動（ＰＫＯ）とリンクして難民救済をするとか、今まで縦割りの発想だったものを横割りにしなくてはならない。この新たな発想は、日本ではなかなか理解されず、なぜどうして難民とＰＫＯをリンクするのか、と言われますが。

**緒方**　ＵＮＨＣＲのマンデートに、難民問題を解決するということがあります。いつまでもただ保護と救済を与えるのではなく、難民が難民でなくなるようにしなければならない。そのためにはどうしたらいいのかと考えますと、難民というのは、どういう原因の犠牲者かとまず考えてみるといいと思うのです。

直接的には、多くの場合、紛争の犠牲者です。紛争の原因は何かと言うと、政治的なんですね。政治対立が紛争を生んでいる。政治対立の原因は、多くの場合、いろいろな意味での社会の不公正あるいは社会正義の欠如です。そういった社会の不公正、不正義、あるいは圧迫されているという状況が、政治対立を拡大していく。その背後には、貧困とか経済の問題がある。

今つながり方を申し上げたのは、開発をすれば難民が出ないという発想や議論がずいぶんあるのですが、これは中間的な原因を無視しすぎた、単純化した議論だと思うからです。貧困な国が全部、難民を出しているわけではないですから。国外に労働者を出したり移民を出したりすることと、難民を出すこととは違うのです。難民が出るのは政治の問題です。ですから政治が紛争を巻き起こした時に大量難民が出てくる。

そう考えると、難民問題の解決には政治対立の解決が必要なんですね。

たとえば日本で一番よく知られている例としてカンボジアがありますが、これもパリ和平会議で和平合意が行われたわけですね。紛争が難民の原因だから、和平の成立が解決への大きな糸口になる。そうすると、和平の実施を図るためにＰＫＯが出される場合があるわけです。これはモザンビーク、カンボジアが一番いい例になるかと思いますが、中南米でも出されましたね。そういう形で和平の実施を見守るために出されたＰＫＯと難民の機関は、同じ和平合意の実施について共同事業をすることになる、そういう結びつきがあります。

## ボスニアと国連保護軍

**緒方**　一方、和平が成立しない紛争の中でＰＫＯが出される例があるわけです。これがボスニアの例です。この場合ボスニアに出された国連保護軍（ＵＮＰＲＯＦＯＲ）と言われている平和維持部隊は、停戦合意を見守るという従来型のＰＫＯではなくて、紛争の中で人道援助をするのを保護、支援する目的で出されたＰＫＯだったわけです。

ボスニアに七千人もの部隊が来てくれたら何を頼んだらいいのだろうと思ったので

すが、軍隊による監視、支援、補給その他いろいろな援助を得ながら、紛争の中で支援を重ねていきました。ともかく戦争の間に曲がりなりにも人道援助を続けられたということは、やはりUNPROFORがいなくてはできなかったと思うのです。

しかし、そういう中立的な国連のPKOでは紛争解決には至らない。そういう中で、UNPROFORの役割の限度が考えられ、指摘され、それからNATO軍が出てくるわけですね。NATO軍が出てくる前に、セルビア人勢力に対する激しい爆撃などが行われるわけです。その時には、軍とわれわれの関係はとてもデリケートになりました。なぜかと言うと、中立的でない軍が出動しますと、その軍はどちらかの紛争当事者の肩を持つわけです。そうすると肩を持っている軍と、肩を持たないでなんとか活動し続けている人道援助機関の関係は非常にデリケートになります。戦争の終盤、一九九五年七月ごろの時点では、私どもの仕事はほとんど絶望的になりました。

ところがそういう中でデイトン合意ができると、合意の中に難民の帰還がありまして、戦争中を通してずっと仕事をしていた私どもに、今度は多国籍軍に守られて難民の保護と帰還の任務を遂行するという役割が来たわけです。

ですから、PKOを固定的に考えては駄目なのだと思うのですね。援助対象である難民の変化や、難民条約の解釈等々で、現実的な解釈をしなければならないのと同じように、いわゆるPKOの類型というか役割変化を見ていかなければならないと思います。

**竹田**　発想の転換が必要なわけですね。

**緒方**　二つあるのではないでしょうか。かつてのように国家間の対立を前提としたPKOは、冷戦と関連した中間的な平和維持活動だったと思います。線（ライン）を引いて停戦を見守ったわけですね。ところが、クロアチアでもそうでしたが、紛争の中に入っていきますと、今度は線ではなくて面（エリア）を守ることになるわけです。そうなってくると、守るべき面が動いたり、紛争当事者のどちらかの肩を持って恨まれたりということが出てくるわけですね。

**竹田**　ボスニアはまさにそうです。

**緒方**　もう一つは、財政面も含めて国連にそういうことをする能力があるかという問題です。ソマリアは、まさにエリアの失敗例でしょう。そこで多国籍軍の出動が繰り返されるわけです。

多国籍軍が動いたのは、まず第一がイラク、それからボスニア。本格的に出動しなかったために終わってしまったのが、今のザイール東部の経験です。

## 難民キャンプの軍事化

**竹田**　以前緒方先生から、ボスニアでは全員が味方で全員が敵になる、そういう困難な状況の中では、政治交渉を中立の立場で行わなければならないというお話を伺ったことがあります。和平合意が重要であり、それを実現するためにＰＫＯが派遣される。では合意実現のために、たとえばＵＮＨＣＲは今までどういう形でかかわってこられたのでしょう。

**緒方**　絶望的に叫ぶ以外にないんです。国内紛争が中心になってきて、場所によっては主要国の死活的利益に関係ないところがたくさんあるわけですね。それでいて人道上の問題は座視できない。とくにテレビにああいう悲惨な状況が出てくると、人道機関が行って、何かやってほしいということになる。

ところがその人道機関は、問題の解決はできないわけですね。そうなってくると、人道機関のどういう仕事を助けるのか。その辺が今回のザイール不発多国籍軍とでも言ったらいいんでしょうか、それが、その限界を明らかにしたのではないでしょうか。

というのは、もしも本当に人道機関の仕事を手伝うために軍を出すとすると、人道機関が一番困っているのは戦闘員と非戦闘員を分けることです。非戦闘員である犠牲者が難民の本質なんですけれど、それを保護するためには、戦闘員を分けるという仕事が必要になる。それができないために難民キャンプがいろいろ批判を受けてきたのがこの二年間です。

そういう状況下で起こったザイール東部の内乱の中で、難民が一方では逃げ帰り、他方は逃げ続ける。その中で多国籍軍は内乱の中に踏み込むか、踏み込まないかという問題が起こりまして、非常に逡巡したわけですね。

**竹田** たとえば難民キャンプが襲撃キャンプになるとか、政治の場になるとか。

**緒方** 軍事化するんですね。それは何も新しいことではないわけです。カンボジアでも起こったことですし、今イラクでクルドの難民キャンプも若干そういうところがありまして、大きな問題になっています。

## PKOと国際警察隊

**竹田** PKOと国際警察隊の二つがあった場合、国際警察隊は今後非常に意味があると先生は言われたことがあります。しかしPKOと国際警察隊の違いが、十分理解されていないようですので、この区別と、どのようにうまく使っていけるかについてお話しいただけますか。

**緒方**　国際警察隊というのは、まだそれほど確立していないと思います。たとえばボスニアに、インターナショナル・ポリス・タスク・フォース（ＩＰＴＦ）という国際警察隊がありますが、それはボスニアの警察を訓練するものです。直接ボスニアにおいて警察行為をするのではない。ところがカンボジアの場合には直接警察行動をしましたね。ですからその辺でいろいろな違いがあると思うのです。それからＰＫＯではないんですが、今ボスニアにいる和平実施部隊（ＩＦＯＲ）、今後はＳＦＯＲと言う多国籍軍は、それも警察行為はしないというのですが、パトロールはしていますし、たとえば難民の襲撃などがあるとその地域に行ったりはしています。

ですからいろいろな用途に基づいて多様な対応ぶりが出ていると思うのです。二つを分けてみれば、国際警察隊のほうは警察の人たちが来ているし、平和維持軍は軍隊が来ている。だから軍隊に警察行為をさせるということは不可能ではないし、私は軍隊のほうが出しやすいと思うのです。

**竹田**　ＰＫＯを主体に考えたほうがよいということですか。

**緒方**　ピース・キーピング・フォースがポリス・フォースとなり得るかということで

しょうね。ＰＫＯという言葉を使いすぎてもいけないという気がします。アメリカが最近提案したアフリカン・クライシス・リスポンス・フォースや、カナダ、オランダなど数カ国が提案しているラピッド・ディプロイメント・フォースも、国連の下で一万人ぐらいの緊急援助隊を作ろうという考え方です。いわゆる従来型のＰＫＯとは違った早期展開部隊とでもいうのでしょうか。

**竹田**　そういう意味で緊急展開部隊というのは、ＵＮＨＣＲの緊急展開とまさに一体化するものですね。

**緒方**　私も、一九九四年末ザイール東部のゴマにルワンダから百万人が逃れた時に緊急展開部隊のようなものがあって、武装解除に当たってくれていたらずいぶんよかったと今になると思います。そうすれば難民キャンプの軍事化も防げたし、もっと早く難民問題も解決したかもしれない。

**竹田**　その点、ＵＮＨＣＲと国連の緊急展開部隊の一体化という、新たな可能性があるということでしょうか。

**緒方**　余地はありますね。

**竹田**　それは国連のあり方といいますか、大きな言葉では国連改革につながる部分もあります。現状のオペレーションを、新しい発想に基づくオペレーションに変えるということですから。

**緒方**　全部変わる必要はないのですよ。部分的にそういうものもあっていいということですね。今、多様な世界ですから、多様な対応が絶えず必要だと考えています。平和と安全の問題は杓子定規には考えられない。いろいろな形の平和と安全があるわけですから、柔軟に対応できるような制度を作っていかなくてはいけない。

## 日本は連帯の気持ちを行動に移すチャンス

**竹田**　柔軟な思考方法といった場合、日本はどうでしょうか。

**緒方**　幸いなことに戦後の日本はさまざまな紛争に深く巻き込まれないで済んだわけです。島国であるということ、日米安保体制の下にあったということなどで、今の世界のどろどろしているものにあまり直接入らなかった。ですから紛争の解決に日本はどうしたらいいかということを自分の問題として考えてこなかったんですね。紛争には巻き込まれないようにしているのが一番いいという発想でしたから。

日本は国連を通して考えましたが、たとえば植民地の旧宗主国などは植民地独立をさせるのに、自分でさせないで国連を使ってさせていくとか、そういう意味で国連を使うのが自分の問題として大事だったのだけれど、日本にはそういうことが比較的少なかったと思いますね。

**竹田** そういった発想は変わってきたとお感じですか。

**緒方** わかりません。私は少し離れていますからね。ただ、日本の姿というのは大きくなってきているのははっきり感じますし、期待も大きくなっている。

**竹田** どのようにその期待に応えるかといった場合、日本がしなければならないMUSTの問題、日本人にしてほしいHOPEの問題と、日本がしてはいけないMUST NOTの問題は何でしょうか。

**緒方** いろいろなことをしたいという気持ちを持っている人はずいぶんいると思うんです。私どもの機関に対する政府の拠出金は非常に大きなものですし、それは大変ありがたいと思っています。しかも、民間の反応が非常に大きいんですね。だからやりたい、何かしなければいけないという方はたくさんいらっしゃると思います。たとえばルワンダ難民が発生した時、日本の民間の方が、ちょっとお金を持ってきてくださるんです。その順位からいうと日本の民間の募金は一番ぐらいではないでしょうか。それはそういう気持ちの余裕があると言えるかもしれませんけれど、非常に自然な姿なんです。いろいろなお手紙がきますが、それを見ましても、そういう気持ちは日本の中にたくさんあると思います。

それをもう少し組織化して、何かこちらのほうでチャンスを仕組むと、たとえばキャンプ・サダコというのがあるんですけれど、非常にたくさんの若い方がボランティアとして仕事をしに来られるわけです。ですからUNHCRが日本の方々を巻き込むような工夫をすることです。その意味では非常にホープフルだと思います。

**竹田**　そういう意味では日本のボランティアやNGOが、プロフェッショナルになっていく契機が少しずつ生まれてきているのではないでしょうか。

**緒方**　そう思いますね。ただ何と言っても、日本の方は非常に保護されているんですね。安定したところで恵まれた生活をしておられますから。世界はそんなところではありません。開発の現場、あるいは難民救済の現場、紛争の現場に行ってタフに動くという訓練はまだ十分されていない。

**竹田**　それは経験する以外に方法はありませんね。

**緒方**　そうですね。それは国家としても、国際社会のさまざまなしがらみの中にもっと巻き込まれて苦労して、共に考え共に進む。そういう連帯の気持ちを発揮して行動に移すチャンスをもっと考えていかなくてはならないでしょうし、考えるだけではなくて作っていかなければならない。

**竹田** つまりそういう意味ではまさに外交はコンストラクティブ・ディプロマシー（建設的な外交）でなければいけないわけですね。

**緒方** コンストラクティブ・アクション（建設的な行動）ですね。

## 国連は弱者の側に立つ機関

**竹田** ここでまた国連改革のことを伺いたいのですが、国連は財源難だけれども、PKO活動を通じて成果を上げている部分もあります。また、UNHCRのように、特定目的のために活躍しているところもあります。財源難にもかかわらず新しい活動領域が増えていく中で、それぞれの機関の見直し、再定義というのでしょうか、予算の優先度の組み替えをしていかなければならないと思います。

私は国連全体を大枠で変えるというのは非常に困難だと思っていますから、むしろ具体的にUNHCRのようなところを突破口にして改革していくのが一番可能性が高いと思います。改革することによってわれわれは新しい夢を国連に託せることにもなるわけです。やはり国連を活性化しなければならない。今は逆にいいチャンスでもあるわけですから、その辺で具体的に先生はどうお考えでしょうか。

**緒方**　財源の問題は二つに分けて考える必要があると思います。国連の分担金という形で賄われている財源と、任意拠出金で賄われている財源です。分担金というのは行政費が中心です。それで賄われているのが、国連および国連の専門機関、そして平和維持活動です。

もう一つは任意拠出で行われていて、これは事業費ですね。これで賄われているのが、人道活動とか開発援助です。任意拠出で賄われている事業については各国がかなり任意に取捨選択できるわけですね。だから、これが役に立っていると思えばそこにお金が行くわけです。私どもの機関が比較的厚く資金をいただいているのは、ここに頼めばなんとか当面の仕事はやってもらえるということでしょうね。

分担金となりますと、これは会費みたいなものですから分担率が決まっていて、これにお金を出さないと未払い金が生じる。それはある意味では国連加盟国の負担義務違反のわけですが、私どものような任意拠出の場合には違反の問題はないわけです。

**竹田**　いい仕事をすればするほどお金が集まってくるということですね。

**緒方**　その意味では緊張感がありますね。

**竹田**　それは毎年成果を出さなければならないということでもあります。

**緒方**　ですから非常なプレッシャーです。

それから、これからの国連改革はどうしたらいいかと言うと、やはり私は、国連自身が政策の優先順位を明らかにしていくことだと思いますね。国連事務総長のリーダーシップというのは、そういうプライオリティ・セッティングで一つのビジョンを立てていくのが大きい役割だと思うんです。いろいろな議論が行われて、ただの行政官だということも言われたけれど、そうではないと思うんですね。

ではその優先順位に何を当てはめるかということになると、私は、国連は第二次世界大戦の終わりに平和と安全を確保するためにできた機関であって、それが第一の仕事だと思っています。そして、平和と安全の内容が変わってきてるんですね。その内容に応じた対応を、国連が音頭を取る場合、あるいは地域機関が取る場合、いろいろな場合があると思うんですけれど、整理して、やはり後手に回らないような緊急対応体制を作っていくことが大事だと思いますね。

**竹田**　政策の優先順位をつけるのはまさに政治判断です。

**緒方**　そうです。その判断をするに当たって、やはり国連は加盟国の国家間機関ですから、加盟国を説得し、加盟国の中からもそういうものが出てこなければいけないと思います。

**竹田**　具体的に、とくにこれが重要ではないかというご意見はお持ちですか。

**緒方**　やはり自分の仕事に近いほうになりますが、紛争のさまざまな犠牲者に対する対応ですね。それは国際的な連帯の概念でみんながしていただきたいと思うのです。

それからもう一つは、どういう形で国際的連帯を実現していくような機構づくりをしていけるかということです。その場合に、やはり国連というのは、弱者の側に立つ機関だと思うのです。主要国が国連に頼らなければ生きていけないということはありません。ですから国際的な機関、機構が、主要国の利益をよく踏まえながら主要国に代わって引っ張り上げていく。これが国連の本来の仕事だと思います。だから難民の問題、貧困の問題は大事だと思います。

それから人類共通の課題ということになれば、環境もそうだと思いますし、麻薬の管理であるとか、武器の氾濫《はんらん》を防止するとか、移動を強いられているような難民とか、いろいろな弱者の保護がありますね。

日本は武器の氾濫とか麻薬の氾濫とか、そういった問題が比較的ないところですね。ですから日本のような国が音頭を取って、グローバルな問題に対応する知恵と努力を出されることを期待したいと思います。

（たけだいさみ・獨協大学教授）

# 緊急的人道援助はどう行われたか◇一九九九年八月四日収録

聞き手　平木場弘人

## 大量流出するコソボ難民

**平木場**　今回のコソボ紛争では、停戦合意に至るまでに八十万人以上にものぼる多数の難民が発生し、国際社会からもたいへんな注目を集めました。国連難民高等弁務官事務所は、どのようなご活躍をなさったのですか。

**緒方**　コソボの紛争は、一九八九年にミロシェビッチ大統領が率いるユーゴスラビア政府がアルバニア系住民に対する弾圧政策を始めて以来、十年にわたって長くくすぶっていた問題です。この間、国際社会には政治的解決が求められていたのに、有効な手を打てずにいました。一九九二年ごろからはコソボから逃れる人々がヨーロッパの各地に広がりはじめましたが、こうした庇護要請者にどう対処したらいいのかという問い合わせが、各国政府からＵＮＨＣＲに寄せられるようになっていました。私どもでは、まず状況を把握しなければならないということで、現地に小さな事務所を開設しました。ですから、コソボに関しては比較的長い時間をかけて状況を観察することができました。

とくに最近になって状況が悪化しましたのは、昨年二月ごろからアルバニア系の武装組織であるコソボ解放軍（ＫＬＡ）が独立を求める武力闘争を激化させたのに伴い、これを抑えようとするセルビア治安部隊との間で衝突が繰り返されるようになったからです。その結果、約二万五千人ほどのアルバニア系住民がアルバニア北部に避難したのが、難民流出の端緒となりました。

その年の夏になると衝突が激しさを増して見過ごせない状況になってきたのですが、ミロシェビッチ大統領が住民の安全は保証する、ＵＮＨＣＲと赤十字国際委員会（ＩＣＲＣ）には十分なアクセスを認めると公言したので、若干ですが沈静化の方向に向かいました。それ以来、よほどの安全上の問題がないかぎり私どもがコソボ内で自由に活動し、域内難民に対するケアを行うことが保証されてきましたから、この点に関してはセルビア側の対応は評価されていいと思いますね。

しかし、実際にはその後も武力抗争はエスカレートする一方でした。一九九八年六月ごろから活発化したＫＬＡの活動は一時、コソボの三割を抑える勢力に拡大していましたが、七月後半からセルビア治安部隊の攻勢も激化し、九月までにはＫＬＡの拠点のほとんどが制圧されています。セルビア側ではＫＬＡの活動をテロ行為と断じ、これを武力で制圧することは国家主権の範囲内の問題だとしていましたが、それにしても目にあまる武力行使でしたので、私はミロシェビッチ大統領に即刻停戦することを進言しました。

意見は分かれましたが、とにかく寒さの厳しい冬を前に野宿を強いられている難民だけはなんとかしようということで合意したのです。この段階でコソボからの難民・避難民は三十万人を数え、うち五万人が屋外で寝起きするという悲惨な状態でした。私どもが人道援助を開始するとともに、欧州安全保障協力機構（ＯＳＣＥ）でもコソボ・ミッションを出すことになり、千二百人規模の人員を現地に常駐させることになりました。

年が明けて今年一月になると、ラチャク村での激しい戦闘もあって、難民の数は四十万人に増えていました。このころ、ＵＮＨＣＲでは現地事務所に七十名の人員を投入するなどして人道援助の体制を強化しました。二月にはランブイエ会議が開かれ、ＫＬＡとセルビア側との間で和平交渉が行われましたが、この時、私どもは和平が成立した場合には何をすべきかという検討を始めています。

つまり、大量に発生し続ける難民に対する人道援助と和平後の活動内容の策定とを二本立てで進めていたわけです。残念ながらこの時和平は成立せず、北大西洋条約機構（ＮＡＴＯ）軍による空爆に解決をゆだねざるを得なくなってしまいました。空爆が始まった三月二十四日、私たちはトラックで州内を一巡してから脱出しました。

## 周辺国との難民受け入れ交渉に奔走

**平木場**　人道援助を進めるにはたいへんなご苦労があったと思います。空爆中、周辺国との難民受け入れの交渉やＮＡＴＯ軍との話し合いはどのように進められたのでしょう。

**緒方**　人道的解決のために空爆を続行せざるを得ない状況が続くなか、大量発生した難民がかわいそうだという国際世論が起こり、難民のおもな受け入れ先となったマケドニアとアルバニアにおいて、二国間援助が活発に行われました。最初にアルバニアに入ったのは、イタリアやギリシャ、ドイツなどで、オーストリア、アメリカ、スイスなどもこれに続きました。

その結果、さまざまな国の援助による難民キャンプが誕生し、各国からNGOも次々に入ってきました。そうなると、キャンプ内の管理やさまざまな調整業務が私どもUNHCRの仕事です。キャンプごとにいろいろな人が入り乱れていては困りますし、NGOに活動の許可も与えなくてはなりません。

アルバニアではすべての難民を受け入れてくれました。一方、マケドニアの場合は、小さな国ですし、国内にセルビア系とアルバニア系の住民が共生する微妙なバランスがありますので、一度に多くのアルバニア系難民が押し寄せると混乱を来しかねないという事情があります。ですから、マケドニア政府は当初、難民の受け入れをある程度制限していました。

一時、国境近辺には何万人という難民が足止めされている状況で、これを見かねたコソボ平和維持部隊（KFOR）のイギリス部隊が付近にキャンプを建設してくれました。私どもでは、難民保護のために国境を開放してほしいと要請しつつ、マケドニアの事情も考えて、受け入れてもらった難民はその後、第二次庇護国に移すという次善策を示して、了解してもらいました。これには欧米各国も好意的に協力していただき、まず欧州連合（EU）議長国から二万人受け入れの申し出があり、うち一万人をドイツが引き受けてくれました。

私どもの最初の方針では、できるだけ早い時期に難民を帰還させたいと思っていましたし、また難民たちも帰りたがっていましたから、あまり遠くへは避難させないつもりでした。

ところが、空爆開始以来の十日間あまりでおよそ三十五万人がコソボを脱出するような状況でしたから、もはや近隣諸国の対応能力をはるかに超えていたのですね。幸い西欧諸国が理解を示してくれ、またＵＮＨＣＲが国際移住機関（ＩＯＭ）とともに各国と受け入れのための話し合いを続けたところ、アメリカやカナダ、オーストラリアなど遠くの国々にまで協力してもらうことになりました。

人道援助についてはＮＡＴＯ諸国としても責任を感じていることでした。ＮＡＴＯからは和平が成立して空爆が終わったら、ＫＦＯＲをコソボに送り治安を守ろうということで、人道援助に関して何でも協力したいと申し出がありました。しかし、難民に対する人道援助と軍事行動とが、曖昧な形で混在することになっては困ります。

そこで、ＮＡＴＯ軍には特殊な分野に限って担当してもらうということで四つのことをお願いしました。まず、エア・マネジメント。アルバニア、マケドニア国内の空港における飛行機の発着管理ですね。それから空港の管理。難民の輸送。そしてキャンプの建設です。その後、コソボ内の状況を収めた写真を提供してもらうなどの情報の共有についてもお願いし、何千人という軍人が協力してくれています。

こうして一方では緊急避難、また一方では国境開放の交渉、そして難民キャンプの建設ラッシュと治安の維持、調整・管理業務と、まさに慌ただしい毎日の連続でしたね。

## 住宅整備・地雷撤去が急務

**平木場** その後六月十日に停戦合意が実現し、周辺国に逃れていた難民が大量に帰還することになりました。この局面ではどのような対策が必要だったのでしょう。

**緒方** 帰還難民の受け入れ体制については四月の段階から徐々に準備を進めてきました。北イラクの先例では、十日間で百七十万人が帰還しています。それを考えても、早急に帰還のためのシナリオを策定して準備を整えておく必要がありました。コソボの冬は厳しいですから、越冬対策会議も発足させました。暖房や住居の確保のための資材の調達は六月中にも終えてしまわなければ間に合いません。

私たちはまず停戦合意直後にコソボに入り、避難民の状態や被害状況、地雷の設置状況などを調査し、ＫＦＯＲや難民たちにそれを伝えて対策を講じることにしました。

翌日には援助物資の運び入れも行っています。しかし、帰還する難民の足は予想以上に早かったですね。私どもとしては、まだ安全状況が十分に確認できていませんでしたし、国際的な支援体制も整っていませんでしたから慎重にならざるを得なかったのですが、帰ると決めた人々の勢いを抑えることはできません。わずか二週間あまりで、流出難民八十万人のうち約半数が自力で帰還の途につきました。

これだけの規模の帰還になりますと、帰還そのものよりも、住居の修復や地雷の撤去といった受け入れ対策のほうが私どもの仕事の中心になります。上空からの調査では、少なくとも四、五万戸の住居が破壊されていると見られました。その後、実際に目で確かめたところ、地域によって被害の程度にばらつきがあり、東側に比べて西側のペチ周辺はほんとうにひどいありさまだということがわかりました。壊れかけた住宅のひと部屋だけを修復するような応急の対策ではとてもすまない状態です。

停戦直後には、国連コソボ暫定行政ミッション（ＵＮＭＩＫ）も設置されましたから、国連としてはかなり慌ただしい動きでした。難民に対する帰還支援と人道援助が一つの柱で、これはＵＮＨＣＲの担当。次にＯＳＣＥによる統治、そして国連による行政、ＥＵによる復興援助が決まりました。私どもＵＮＨＣＲとしては早くから役割が決められていたので、出足は早かったと思います。

## 二国間援助とマルチ援助のバランス

**平木場**　ＵＮＨＣＲに対する国際社会の支援状況はいかがでしょうか。また、日本政府や民間の支援策についてはどのように評価されていますか。

**緒方**　先ほど申し上げたマケドニア、アルバニア両政府の受け入れの問題や空爆の影響もあり、今回は二国間援助が先行しました。そのため、当初はＵＮＨＣＲに援助資金が流れてこないという状態で、四月、五月ごろには深刻な資金不足に悩まされました。最も難民の流出が激しい時にこのような状態でしたから、一部の国ではＵＮＨＣＲの対応は遅いのではないかとのマスコミの批判もあり、辛い時期でしたね。

それでも、アメリカや日本が早くから拠出してくれましたし、また私どもでも国連の他の機関と合同で、今年前半の活動資金として一億四千三百万ドルのアピールを出していましたので、五月中には欧州委員会の人道局（ＥＣＨＯ）からも協力が得られました。停戦以降、難民の帰還が始まってからは、おおむねＵＮＨＣＲの活動に対しては高く評価していただいているようです。

日本からは、ＵＮＨＣＲをはじめとする国際機関に四千万ドル、マケドニア、アルバニア両国に対する無償資金協力として六千万ドルということで、これらを含む一億二千万ドルの支援をしていただけたのは非常にけっこうだと思います。日本政府には、UNHCRへの拠出を活用したマルチな援助と二国間援助とを、上手に分けていただきました。ずいぶん思い切った支援をしていただいたと高く評価しております。さらに、小渕総理の提唱で、国連に設置された「人間の安全保障基金」などへ、一億ドルの拠出を表明されたとうかがっています。

## アフリカ、アフガニスタン、グアテマラ難民

**平木場**　ところで、コソボ以外にも難民問題を抱えた紛争は数多くあります。世界の難民援助について、UNHCRでは現在どのようなご活動をなさっているのですか。

**緒方**　特にアフリカの場合、大きな紛争が三カ所で起こっています。まず、北部のエリトリア、エチオピアの国境紛争で相当数の犠牲者が出ています。西アフリカではシエラレオネをはじめとする国内紛争が深刻な事態を招いています。周辺国へ逃れた難民の数は五十万人と言われ、シエラレオネは世界の八大難民流出国の一つになっているのです。

私も今年二月に現地を訪れましたが、反乱軍による残虐行為には目にあまるものがありました。中部のコンゴでは、一九九四年に隣国のルワンダから大量に流出してきた難民の多くが帰還しましたが、今度は昨年夏ごろから国内において紛争が起こり、新たな難民問題が発生しています。

アフリカのように紛争が長期化した場合に問題となるのは、難民支援が徐々に先細りしていくということです。緊急事態が起こった時には各国とも積極的に人道援助をしてくれます。しかし、長期化するうちにしだいに忘れられていき、支援がにぶってしまう。紛争が続くにしたがって同情が薄れていくのはある意味で仕方ないことなのでしょうが、援助資金が目減りしていくなかでいかに効果的な支援を実施できるかが、私どもにとって大きな課題なのです。

一つだけ救いがあるとすれば、アフリカ各国の指導者の間に和平に取り組む姿勢が見えはじめていることでしょうか。コンゴの問題ではルサカで行われた会議で二週間にわたって交渉が続けられましたし、シエラレオネでは七月に和平合意が成立しました。彼らアフリカの指導者たちは私どもに対して、コソボ難民に対するような手厚い支援と政治的関心をどうしてアフリカにも向けないのかと言います。

しかし、アフリカで今、求められていることは、この機をとらえて和平をしっかりとしたものに固めなければならないということです。難民が大量に発生している時には、私どもはまるで絆創膏《ばんそうこう》のように応急手当をすることもできるでしょう。しかし、紛争は本質的には政治の問題ですから、政治的な解決が試みられない以上、私どもにはどうしようもないのです。アフリカはたしかに大きな問題を抱えていますが、ある意味では今、解決の機運が訪れているのではないかという実感があります。

アフリカ以外の大きな動きでは、アフガニスタンの状況が進展しないのが気になりますね。難民の数は二百万人を超えていますから。受け入れ先のイラン、パキスタンともに疲れ果てていますし、国際社会からの支援も低下しつつあります。

反対に明るい話題といえば、メキシコのグアテマラ難民問題でしょうか。一九八〇年代の半ばに中米諸国からメキシコに流れ込んだ大量の難民のうちの大半がすでに帰還を終えたのですが、グアテマラ難民だけが最後に取り残されていました。

その最後のキャンプがいよいよ閉鎖されることになり、セレモニーが開かれるというので、私も現地に足を運ぶ機会がありました。両国の大統領のお話では、まだ二万二千人ほどの難民が残されているものの、彼らが希望すればメキシコの市民権を取ることができるし、移民のステータスで何年間かメキシコに残ることもできるといった措置を設けることにしたのだそうです。メキシコは、難民に対して選択の幅を与えるという非常に喜ばしい解決法を見いだしてくれました。

## 緊急的人道援助と長期的開発援助

**平木場**　最後に、緊急的人道援助と長期的開発援助の間にあるギャップについて、お考えを聞かせてください。

**緒方**　私どもが苦労するのは、今の戦争の多くが国内で起こる紛争だということです。内紛の場合にはとくに、和平が成立しても、条約で決められた条件をすんなりと実施できない場合があります。例えば、難民のうち、ある民族は帰還できても別の民族は帰れないということがあります。このように複雑にからみあう事情のなかで、休戦という形で出てきた平和の芽をいかに大切に育てるか、ということが問題です。

それにはやはり、開発援助を通じて経済を上向きにさせることが必要不可欠ですね。ところが、中・長期の経済開発なり投資なりというものは、国内情勢が安定しないと入ってこないんです。逆に経済開発が行われないと情勢が安定しませんから、これはジレンマです。そうしたなかでUNHCRがどこまでの支援を行うか。私どもはなかなか中・長期開発までは踏み込めないし、またほとんどの政府がそこまでを望んでいませんが、だからといって和平が確立して情勢が安定しないことには引き揚げるわけにもいきません。

人口の四分の一に相当する膨大な数の難民が帰還したルワンダの場合、私どもでは約十万戸の住宅を帰還難民のために用意しました。また、学校や病院、コミュニティ・センターなども修復・建設しました。さらに、集団居住地域では水の確保も必要ですから、付近の川から水を引き、浄化して供給しました。ある意味では地域開発の範疇《はんちゅう》にも入るようなことをしてきたわけです。ルワンダ政府でもそれを望んでいましたし、支援する国があった一方で、そこまでしてはいけないと非難する資金拠出国もあり、ギャップの大きさを実感させられました。

しかし、私どもの活動はあくまでも平和構築策なのだということを理解していただきたいと思います。拠出国の中でも、緊急的援助のための資金と開発援助のための資金がつながっていないケースがありますね。日本の場合には比較的フレキシブルに対応していただいているようですが、リンクした対応がまったくなされない国もあります。

これを何とかつなげる方法はないものかという問題意識から、アメリカの民間シンクタンクであるブルッキングス研究所に仲立ちしてもらい、拠出国と開発援助機関、人道援助機関、それにNGOが一体となった会議を開きました。今のところ、少なくともこうしたギャップが存在するのだという認識だけは国際社会に広まってきたと思います。ただし、その解決法となると、新しいメカニズムをつくることに消極的な意見もあって、まだ手探りの状態です。このギャップをどのようにして埋めていくべきか、今後の大きな課題と言えますね。

（ひらこばひろと・外務省総合外交政策局国際社会協力部難民支援室長
／現在デンバー日本国総領事館総領事）

# アフガニスタン復興支援国際会議を終えて◇二〇〇二年一月二十三日収録

聞き手　佐々江賢一郎

## 残されたアジェンダだった

**佐々江**　緒方先生は今般のアフガニスタン復興支援国際会議では共同議長としてたいへんなご活躍でしたが、そもそも、アフガン支援総理特別代表を引き受けられた背景として、アフガニスタンへどのような思いをお持ちだったのですか。

**緒方**　アフガニスタンは私にとって残されたアジェンダだった、と申しましょうか……。私が国連難民高等弁務官になった一九九一年に世界で一番多かった難民はアフガン難民でした。当時、六百二十万～六百三十万人いると言われていました。

一九九二～一九九三年にソ連がアフガニスタンから撤兵し、パキスタン、イランに逃れていた人たちが帰れるようになりました。国連難民高等弁務官事務所も資金援助などをしまして、二百万人は帰ったと思います。その後、アフガニスタンでは一九九四年頃から内戦が始まりました。一九九六年にはカブールが陥落し、都市インテリの難民が出てきました。彼らは主にパキスタンに行きました。その間、国に帰ってきた人と国から出ていった人がいる状況で、三百万人近くのアフガン難民がイランとパキスタンにいました。

こういった状況の中で、国連はまずタリバーン政権と政治交渉を始めました。ところが、西欧的な価値観の基準からすると、タリバーン政権は過激な原理主義で、女性の人権を蹂躙《じゅうりん》しているということから国連では非常に評判が悪い。タリバーン治世下のアフガニスタンに難民を帰し、そこで自活させる資金を拠出することに対して冷たかったのです。

私は、高等弁務官として非常に苦労しました。イランとパキスタンにはアフガン難民がいる。しかし難民問題が長引くにつれて、国際的な関心が薄れる。イランやパキスタンからは、もっと援助が必要だと圧力がかかってくる。問題を解決しようにも、人権を蹂躙しているタリバーン治世下のアフガニスタンに難民は帰れない……。そこで私は、なんとかこの難民問題への世界的な関心を得ようと、二〇〇〇年の九月にCNNやBBCなど西欧のメディアを連れて現地に行きました。しかし、国際的な関心を十分得ることはできませんでした。

パキスタンでは、旱魃《かんばつ》が続き、多くの難民キャンプは水不足で危機的な状況でした。難民は「祖国に帰してくれ」とＵＮＨＣＲの前でデモをしたんです。

イランに行くと、「こんなにたくさんの難民に来られては困る」と言われました。そこで私たちは、アフガニスタンの中の安全ポケットのようなところを見つけて帰還させ、そこでの生活が安定するよう支援をしました。そうするしかなかったのです。ですが、私たちが難民をアフガニスタンに帰したいと思っても、国際社会からは支援をしてもらえない。四面楚歌の状態でした。唯一、対応してくれたのが日本でした。

## アズラ計画

**佐々江**　「アズラ計画」という特定地域の共同体再建支援を展開したわけですね。

**緒方**　カブールとパキスタンの間にある地域に、帰ってきた難民が自活できるように畑を作り、水道を引き、自家発電をするという援助をしていたのです。そういう実績に頼って、少しずつ、難民が帰還するようになるのではないかと思っていました。国連開発計画（ＵＮＤＰ）やいくつかの小さい援助機関も助けてくれたのですが、国連全体としては非常に冷たかったのです。

**佐々江**　それはどうしてでしょう。

**緒方**　政治交渉をしている最中でしたし、アメリカ、ロシアという強力なメンバー国が反対している。それから国連の組織、とくに開発援助機関は国別に開発を考えますから、国境を越えて逃げた人たち、帰ってきた人たちに対するアプローチはきわめて特殊で問題解決の発想のメイン・ストリームに入っていなかったのでしょう。UNHCRが中心となるしかありません。努力をした当時の私の同僚たちが、「国際社会がアフガン難民を見捨てたんだ」としきりに嘆いていました。そういう状況で、残念ながら二百五十万～三百万くらいの人たちの問題解決をできないままに、私は日本へ帰った——こういうことなんです。

**佐々江**　皮肉なことに、九月十一日のテロ事件が起きた結果、アフガニスタンに全世界の政治的な関心が集中した。その結果として、アフガン復興支援のプロセスができ、先生は特別代表を引き受けられ、共同議長まで務められたということですね。

**緒方**　昨年（二〇〇一年）十一月のはじめに、小泉総理からアフガン復興の手伝いのご依頼を受けました。日本が一生懸命復興を援助したいということでしたので、できることはさせていただこうと思ったわけです。

それから間もなく、立ち上がりの会議をすることになりました。十一月二十日にワシントンで開催しましたが、そこに至るまで、どこで開くか、アメリカ、ロシア、ヨーロッパ、国連などの誰が中心になるかなどいろいろ問題がありました。とりあえず日米が中心となって行いました。その時に、「復興」をアジェンダにし、これは政治的な支援である、国際社会はアフガニスタンへ関与をし続ける、というメッセージをはっきりと打ち出しました。

**佐々江**　その時に、緒方先生はホワイトハウスや国務省に行かれたのですね。

**緒方**　ええ。アメリカは、アフガン人のことを考えているかもしれないけれど、軍事行動に出ていましたから、支援、復興がどれだけ続くか危惧されていました。ブッシュ政権は、国際社会への関与は必要最小限、政府の役割もなるべく小さくするという姿勢で出てきた政権ですから、ここで一大転換するわけですね。その時には、日本は同盟国として、しっかり復興の努力をすることによって、アメリカの持続的な関与を維持するという役割があると思います。ですから、アメリカ政府の方たちに二日間お話を伺って、こちらも努力しますからぜひお願いします、と言いました。

## 状況から考える

**佐々江**　東京での会合を二〇〇二年一月下旬に開催するということが決まり、先生は現地に行かれました。まさに、先生のよく言われている「現場主義」ですね。

**緒方**　イラン、アフガニスタン、パキスタンと三カ国、アフガニスタンでは首都カブールだけでなく、地方の都市にも行きました。ちょうど暫定政権ができた時期で、彼らにとって、私たちが最初の外国から迎え入れる本格的な代表団でした。それだけに評価してもらえました。カルザイ議長以下、多くの閣僚が、一時間以上ずつ、自分のやりたいこと、アフガニスタンに必要なことを話してくれました。

**佐々江**　そのことが、復興会議での六つの優先事項――行政能力の向上（給料の支給と政府行政機構の設立）、教育（とくに女子）、保健衛生、インフラ整備（とくに電力・道路・通信）、経済システムの復興（とくに通貨制度）、農業および地方開発（食糧安全保障、水資源管理、灌漑《かんがい》システム回復を含む）――についての合意につながったのですね。現場に行かれて、どのようなことが印象に残りましたか。

**緒方**　二〇〇〇年九月にヘラートに行った時、ヘラート市の教育庁の方に案内していただいて、タリバーンの知事とお目にかかりました。そこで、知事に「難民はアフガニスタンに帰りたいのだけれど、女子は教育を受けられないし、働くこともできない。そういうところには帰りたくないと言っている。こういう声にどう答えますか」と問題提起しました。すると、「難民には帰ってきてほしい。人が帰ってこないのは国にとってマイナスだ」とおっしゃる。「では、女子の教育などの問題はどうしますか」と尋ねると、「貧しくもあるし、農村地帯ではもともと女子の教育はきちんとなされていたわけではなかった。しかし、教育の機会を広げようとしている、若干やっているる」と言われたのです。「では見せてください」とお願いし、実際に見せていただきました。

後から聞いた話では、女子の教育は公には禁止されていたので、先生方が人目をしのんで私塾のような形で、個人の家で教えていたのですね。それを知事が私に見せてくれるよう、無理に頼んでくれたそうです。私塾を二軒と、高校生くらいの若い女性が学んでいるヘラート病院の附属看護学校を見せてもらいました。タリバーン時代、教育の機会がまったくなかったわけではなかったのです。しかし国際社会では、タリバーンは絶対認められないと処罰ばかり考えていました。そうではなくて、タリバーンの行政を少しでも奨励する方向で考えたらよいのではないかと、当時言った覚えがあります。

今回ヘラートを訪ねますと、女子の中学校が開かれていました。ヨーロッパの「マルタ騎士団」という団体が校舎を直し、そこに国連児童基金（UNICEF）もお金を出して、実験的に授業ができるようなチャンスを与えたのです。その三日目でした。生徒たちは、年齢も境遇もまちまちでした。教科書もノートも持っていませんでしたが、とても嬉しそうでした。

先生方に、「あなたたちには何が一番必要ですか」と尋ねると、みんなが「給料」と言いました。彼らはお金をもらわないで先生をしていたのです。それまでとまったく違うのは、先生方が堂々と教えられるようになったことです。同行してくれたUNHCRに長くいる職員は「今日は本当に嬉しい。学校がまた始まったんだ」とつくづく言っておられました。国際機関や国際的な援助が小さな形で成果を生んでいく。そういう下からの積み上げが非常に大事だと思いますし、それと同時に、アフガニスタンにもいろいろな形で受け皿があるのです。

実は、今回学校に案内してくれたヘラート市の教育庁の方は、二〇〇〇年九月に知事のところに私を案内してくださった方と同じ方だったのです。これには驚きましたし、タリバーン政権と新しい政権に、行政官のある種の継続性があるということを興味深く思いました。

**佐々江**　さきほどアズラ計画の話が出ましたが、日本もアフガニスタンに対して以前から援助してきた経験があります。例えば、通信施設の設置には日本が関与しました。

**緒方**　カブール放送局に日本が援助していたことは知っていたので、今回それを見に行きました。建物や放送に必要なスタジオから機材一式、すべて日本のものでした。

**佐々江**　一九七七年の日本の技術援助ですね。

**緒方**　一九七七年といえば気が遠くなるくらい昔のものですね。それでも、ほとんど全部、今でもきれいに残っているのです。係の方にどのように使ってきたのかを聞きました。その方は、一九七七年当時からいらした方でした。タリバーン時代にはテレビ放送が禁止されていたので、見つからないように電気を暗くして目立たないようにし、時折、さびつかないように電源を入れたりして大事に保管していたとおっしゃいました。

私も、周りにいたみんなも感動しました。壊れているものは修理したい、新しいスタジオをあげたい、ぜひこれを日本の援助の目玉に入れてほしいと思いました。この放送局は、テレビはカブール市内にしか届きません。アフガニスタンでは、ラジオは大体ＢＢＣとＶＯＡの放送に頼っているそうです。中央政権の強化ということと教育の普及を考えますと、メッセージを伝える手段が必要ですね。テレビやラジオは重要です。

### 支援総額四十五億ドル

**佐々江** 日本に帰られて、すぐに東京での会合が始まりましたね。この会議はアフガニスタンの暫定政権も含めて六十一カ国、それから国際機関も欧州連合（ＥＵ）を除いて二十一機関、さらにＮＧＯも参加したということで、非常に注目を集めた会になりました。会議では何を最も重要な成果として達成しようとしたのでしょう。

**緒方** アフガニスタンの暫定政権を招待し、主体としての暫定政権を中心にして、国際的に彼らの必要としているものを知らせ、それに対応した計画を承認し、かつ必要な援助を与えるということです。

**佐々江** 結果として、かなりの額が表明されました。この会合を通して、印象に残ったことにはどういうことがありましたか。

**緒方** 暫定政権は誕生して一カ月の新しい政府ですから、彼らからきちっとした意見や要請が出てくるかを懸念していました。しかし、コミュニケーションの上手な方たちでしたので、救われました。

一番難しいのが拠出額です。数字で出なくては意味がありません。しかし、拠出誓約の土台となる積算が、その段階で確固としたものではなかった。何しろ時間的な余裕がありませんでしたから、世界銀行、アジア開発銀行、そしてＵＮＤＰの人たちは、拠出要請のプロジェクトではなく、単なるフレームワークを作って出してきたわけです。拠出は一年、二年半、五年、十年というタイムフレームで考えられます。各国の拠出表明はばらばらでした。しかし、額としては、一年目は十八億ドル、五年で四十五億ドルですから、かなりいい数字になったと思います。

**佐々江**　どうしてでしょう。

**緒方**　会議を開くことによって、相互刺激的な効果があったと思います。例えば日本にしてみれば、アメリカやヨーロッパからは相当いい数字が出そうだ。となると、日本も主催国としてある程度の数字は出さなくては、と思うでしょう。

パキスタンは五年で一億ドル、イランは五億六千万ドル。周辺国がそれだけ出してくれるとは予測していませんでした。彼らは、この政権のもとでアフガニスタンが安定することを有益と感じているということです。誰も元のアフガニスタンに戻ってほしくないのです。それから、アフガニスタンが潤えば自国も潤うということもあります。例えばイランは、アフガニスタンの道路の復興に相当な資材を与えたいし、労働も提供するし、投資もしたいと言っています。

**佐々江**　会議後の共同記者会見で、今後残された課題について、スピード、オーナーシップ、中・長期的なコミットの重要性をEUのパッテン代表も強調しておられましたが……。

**緒方**　拠出を誓約しても、本当はお金は出ないことがよくあるんです。そのために、開発援助機関の出した青写真を、実現に向けての具体的な形でプロジェクトとして早く出してもらわなくてはならない。それが出た場合に早くお金を出さなくてはならない。その両方においてスピードが必要です。

## 人道支援から復興、開発への移行を

**佐々江**　高等弁務官時代、先生はよく「人道援助から復興に移る時に、復興活動がなかなか始められなくて、それが難民の帰還と定着につながっていかない」というギャップの問題を指摘されていました。現地での調整、モニターなど今後のフォローアップについてはどのようにお考えですか。

**緒方**　平和が訪れたなら、人道機関はいつまでも援助をするのではなくて、人々が自活する方向にもっていく努力をしなくてはいけない。開発援助機関は、自分たちがいかに始動するのが遅いかということをよく認めて、もっと早く動くための工夫をしていかなくてはいけません。

今、アフガニスタンで事業をしているのは、戦争の間もずっと現地で活動してきたUNHCR、世界食糧計画（WFP）、UNICEF、赤十字、NGOなどで、彼らは人道援助をしています。政府がなくても、直接コミュニティやNGOを通して事業ができるのです。これから復興・開発を進めようとすると、構造的な問題があります。先ほど申し上げましたが、開発援助機関——世銀、アジア開発銀行、UNDPなどは政府にお金を渡します。ところがまだ中央政府は弱いので、本当に援助を必要とする人々にまでお金が行かないおそれがある。

今回、カブールに「執行グループ」を作りました。アフガン暫定行政機構が議長で、世界銀行、アジア開発銀行、UNDP、そして日本など復興会議の主催国となった四つの国が参加し、援助を実施する分野や地域を定期的に調整します。三月に最初の会合を開きます。

**佐々江**　形の上ではそういうものが誕生し、オーナーシップも出ました。その過程でカルザイ議長もアカウンタビリティや、透明性の問題をしっかりやるということを強調されました。

今回の議論の中で、先生は人道援助と復興開発の継ぎ目を考えるうえで、難民が帰ってくる地域にどのように定住できる状況をつくるか、つまりどのように学校、病院、給水施設等コミュニティづくりを促進するかという、ボトムアップの重要性も強調されました。そこには中央政府と地方政府との関係など、難しい問題もありますね。

**緒方** 援助のお金すべてが中央政府を通し、しかも早く地方にまで行き届くかということは大きな問題です。ただ、中央政府を無視して地方の州政府などに援助を直接入れると、これまで地方で力を持っていた豪族等に力を与えてしまって国のバランスを崩すおそれがあります。ですから、インフォメーションなどは中央を通しながら、そして援助そのものはなるべく地域のコミュニティに届くようにしていかなければならないと思っています。

**佐々江** 会議のプロセスにおいて、治安の問題、麻薬、武器の回収、それから地雷といった問題解決の重要性がアピールされたようですが。

**緒方** 治安の問題は、すべての条件につながります。難民の帰還も治安が第一です。今、カブールにだけ国際治安支援部隊が展開されつつあります。全国的に展開してほしいという要望が一般の方々からかなり来ている、とカルザイ議長は言っておられました。しかしアメリカは、戦闘行為が続いている中、多くの治安部隊に来られても困るという。また、治安部隊を送るには相当経費がかかるので、いろいろな国が出したくても、経済的に出せないという事情があります。

その反面、アフガニスタンも自分の国軍、あるいは警察が必要です。今までは、各地域の豪族が私兵をもって治安を維持していたわけです。それをどうやって国ベースのものに展開していくのか。その指導と訓練を誰がするかというと、中央政府です。そこまでいくのがなかなか大変なことです。

## 日本の果たすべき役割

**佐々江**　日本の役割、位置付け、イニシアティブ等についてはいかがお考えですか。

**緒方**　日本自身、アフガン復興計画にしっかり取り組むことです。難民帰還と定住・復興、地雷除去作業に対して機材、資金を与えること、教育組織、医療、放送インフラの強化などをきちんとやっていく。難民帰還と定住、復興についてはアズラ計画を一つのモデルにしながらそれを国の中に広げていくことができると思います。

それと同時に、会議の主催国になったわけですから、他の出席者たちに対して、調整上の指導力を発揮する役割があります。事実、国際機関が出してきたプロジェクトに対して、誰がどうお金を出していくかという相談もあります。

その他に二国間でやることもあります。ロシア、パキスタン、イランなどから、日本にプロジェクトを一緒にやりませんかという誘いもあるんですよ。日本は一般的に中立の立場であると見られているし、戦後の復興に対する評価もなされている地域ですから、大きく期待されているのです。

それからアフガニスタンは誠に大事な地域です。東西、南北の大きな十字路にある。あの地域に対して、全体にある方向づけをするような外交的な役割を果たすことも大切なのではないかと思います。

**佐々江**　以前、先生は日本という窓を通してなかなか世界が見えないとおっしゃっていました。アフガニスタンの支援、復興に日本が積極的に関与していくことによって、そこから展開していくある種の外交的な幅や世界に対する姿勢が評価される。そこで外交的な影響力も上がるということもあると思います。そういう意味で今回の東京会合は、外交上大きな成果があったと思います。

ところで、会合に関連してＮＧＯの役割について議論がありましたが、ＮＧＯの役割については、どう思われますか。

**緒方**　アフガニスタンの場合は、国際機関のアフガニスタン人職員やアフガニスタンのNGOがずっと活動していたのです。今回、そういう人たちが東京に来て欧米や日本のNGOと国際的に交流し、これからの役割を果たそうということで会合がありました。

さきほど開発機関は政府を通さなくてはいけないと言いましたが、アフガニスタンでは政府が弱いので、NGOやシビル・ソサエティのいろいろな集団との結びつきが重要です。日本のNGOは、非常にまじめに一所懸命やるのですが、なんと言っても規模が小さいんですね。日本のNGOも他国のNGOと一緒に事業をするなど、幅広く国際的な結びつきを強める方向にいくことを期待しています。

## 人間の安全保障

**佐々江**　アフガン復興支援はいろいろなことでこれからも続きます。一般的に難民問題の解決、あるいは人道問題への対応について、どういう教訓が導き出せるでしょうか。例えば難民の帰還と復興の問題は一つのテストケースであると思うのですが……。

**緒方**　アフガニスタンについては、難民と国内避難民は同じプログラムで考えるべき問題だと思うんですね。強制的に移動させられた人たちが自分の土地に戻る。同じようなかたちのプログラムをつくりながら、安全を確保しながら帰す。帰す時に、すぐ必要なのは、当然食料、人道支援です。さらに、そこで生産的な仕事につけるように、復興の仕事と考えられているものを持ってくることで、正常なコミュニティ・ライフを早くつくる——これは相当なチャレンジです。理論的には、アフガニスタンではそれをしようということになっています。

**佐々江**　より広義にとらえれば、人間の安全保障ということですね。個人から見て、生活が成り立つようにする。

**緒方**　そうです。そして自分たちでそれを助長する方向にもっていくことが大事なのです。援助そのものが人を避難生活にもっていってはいけない。これは他の紛争解決においても必要です。ただ、なんと言っても危険では仕方ありません。危険でない状態をつくり出すには、難民たちの側に援助する人たちがいないといけません。そこでよく見て、問題解決的な援助をするということです。

**佐々江**　最後に、日本に対する注文、期待を伺いたいのですが。

**緒方**　とくに最近、日本全体が内向きになっていました。しかし、日本は、国際的な基盤なしには暮らせない国です。このグローバル化の時代、モノもカネもヒトも危険も動く。隣の国、周辺の国、あるいは遠い国の政治状況が自分の国に関わっているということを意識することが非常に重要です。安全保障一つとっても、軍隊だけがあればそれですむというものではありません。まさに人間の安全保障という観点が必要です。

今回、アフガン問題がメディアで伝えられて、国民的な関心が非常に高まりました。マスコミ、政治家、ＮＧＯなどいろいろな方が行って理解する、そしてそれを伝えるという意味での国際化現象は起こっています。今、日本は不景気で、国内だけを見ているとと低迷的な雰囲気が強いですね。でももっとひどい状況にある人たちからこれだけ期待されるんだというような、明るい雰囲気を感じました。

そして、大事なのは持続性です。マスコミは事件主義で、人道上の大きな事件があると、関心が燃え上がるのですが、あっという間に冷めますね。このマスコミの関心が消える時期と、開発援助機関が遅れる時期が重なるのです。

**佐々江**　マスコミや国際社会による持続的な関心の維持はなかなかに難しい問題です。外交的な継続性ということよりも、その時々、関心や注目があるところに力を入れるということになりがちです。まさにアフガニスタンが忘れられた問題であったというのは、こういうところにもあったと思います。

**緒方**　九・一一がなければ、今も忘れられたままでいたのではないでしょうか。

（ささえけんいちろう・外務省総合外交政策局審議官
／現在米国日本国大使館特命全権大使）

# Ⅳ 外交演説・講演——平和の構築へ

UNHCR／A.Banta

ペシャワールのUNHCR事務所に援助を求めるアフガン難民。2001年11月

# グローバルな人間の安全保障と日本◇二〇〇一年十月二十三日

## ハーバード大学（US・ジャパンプログラム）での講演

九月十一日に世界貿易センタービルとペンタゴンに壊滅的な攻撃を加えた同時多発テロは、アメリカのみならず、世界中の政府と人々の政策に対する考え方を根本から変えることになりました。ただちにブッシュ大統領が示した対応は報復攻撃。メディアはそれを「アメリカの新しい戦争」と呼びました。

マンハッタンにあるビルの四十階の私の部屋から、貿易センタービルが炎に包まれ、倒壊していく様子を目撃しながら、私の胸はアメリカ人の誰もがそうであったように、深い悲しみと恐怖、不安に襲われました。私は何百万人の人々が問うたように自分に問いかけました。はたして近代化した大規模な軍隊が、ひとりの人間、オサマ・ビンラディンとテロのネットワークを標的にすることは可能だろうか。私たちが自由でしかも安全な社会に暮らし続けられると、いったい誰が断言できるだろうか。人を破壊的な行動に駆り立てる数知れない原因と、私たちはどう取り組んだらよいのだろうか。

運命の九月十一日から数週間過ぎると、ブッシュ政権指導層の対応は、アフガニスタンの人々の命運、近隣諸国の政治と安全保障、世界中のイスラム社会の反応を考慮にいれた、より多面的な戦争計画へと変化しています。とりわけ私は、パウエル国務長官がアメリカはオサマ・ビンラディンを標的にしているのであり、アフガニスタンの人々を標的にしているのではないと表明したことに大きく安堵したことを思い出します。

国連難民高等弁務官在任中、アフガン難民問題は私にとって大きな課題でした。アフガン難民人口は取り扱っていた難民問題のなかでも一番大きく、私が一九九一年に就任した当時、六百三十万人近い数の難民がいました。ソ連占領軍が撤退すると同時に多くの難民が帰還しましたが、タリバーンから逃れるために新たな難民が流出し、私が退任した二〇〇〇年末にはまだ二百五十万人ほど残っていたのです。

私は二〇〇〇年秋に、パキスタン、アフガニスタン、イランを訪れています。住む場所を追われ、貧困にあえぐその地域の難民の救済に、国際的な支援をあおぐためでした。難民受け入れ国であったパキスタンとイランは、ともに深刻な問題に直面していました。援助は減っていき、旱魃《かんばつ》は難民のみならず、自国の人々をも苦しめていました。国際社会の目には、イスラム原理主義政策をとるタリバーン政権の本国にアフガン難民を帰還させることは、妥当な策にはうつりませんでした。しかし難民のなかには、帰還援助を求める人々がいたのです。私は、限界はあるものの唯一の解決策は、安全な地域を探りあて、タリバーン政権のなかの穏健で現実的な指導層と交渉することだと考えました。交渉したときの彼らの反応はそれほど否定的なものではなかったのです。しかし、私は国際社会からの支援をほとんど受けることができませんでした。国際社会はアフガニスタンの人々に対してまるで関心をもたず、なんら対策を講じようともしないという印象は、私の心に傷となって残りました。

このたびのビンラディンとタリバーンに対する軍事行動により、アフガニスタンとその地域全体が世界の注目を浴びることになりました。軍事行動のあと一体何をするべきなのか、人々は検討しはじめています。政策に組み込まれなければならないいくつかの要点は明らかです。さまざまな政治的、そして部族的集団をひとつに束ねる、柔軟で実現可能な政治体制をつくらなければなりません。武力衝突の再発を防ぐために、何らかの安全対策が講じられなければなりません。難民や国内避難民が戻って、再び社会に統合される機会が与えられなければなりません。なにより、破壊された社会的経済的インフラストラクチャーを大規模に修復し復興させねばなりません。とりわけ、アフガニスタンが二度とその地域全体の不安定要因にならないように、またその周辺地域で悪化している紛争の影響にさらされることがないようにしなければなりません。

テロとの戦いは難しい問題です。アメリカはそのリーダーシップを維持することができるでしょうか。日本は有意義な役割をはたすことができるでしょうか。ヨーロッパ諸国は積極的に関与していく用意があるのでしょうか。イスラム諸国は自分たちの宗教と価値観を守る堅固な姿勢をくずさずに、断固としてテロに対抗することができるでしょうか。今おこなわれているテロとの戦いはアフガニスタンでとどまることはないのです。重大な政治問題、暴力、不正を抱えている世界のほかの場所も、そのまま放置しておけば、簡単に過激な行動に走りだす可能性はあるのです。はたしてこれから先、何カ月、何年にもわたって、世界の主要国が関与を表明し続けていくことを期待できるでしょうか。

私は本来悲観的な人間ではありませんが、これらに対する私の答えは慎重にならざるをえません。もし、このたびのテロに対する戦いが、もっと深い、相互依存と連帯感に裏づけられなければ、将来、安全で安定した世界が出現する保障はありません。日本とアメリカについていえば、私は、グローバルな取り組みに関わるという一般の人々の自覚と関与の意識変化が絶対に必要だとみております。ここ数年、私は日本とアメリカの両国において内向き思考が進んでいることに不安を募らせてきました。国際的責任という意識が後退し、外交政策がポピュリズムに左右されるようになっていると感じていました。長期的な視野と包括的な戦略が、短期的な措置や手段にとってかわられていました。このたびの危機は、こうした傾向を根本的に変えうるものでしょうか。

ここで少し、過去数十年にわたり日本のあり方を形づくってきた基本的な信念と姿勢を振り返ってみましょう。戦後の日本はふたつの基本方針で復興をすすめました。ひとつは強い経済力をつけること、ふたつめが平和的外交政策を追求することでした。いうなれば、日本は世界で名誉ある地位を再び得ようと努めてきたのです。国際連合へ最初の代表団を率いた重光葵《しげみつまもる》外相はその当時の日本人の精神をこのように述べています。日本国民は、「平和を愛する諸国民の公正と信義に信頼して、われらの安全と生存を保持しようと決意した」のであります。平和主義は広まりました。現実には日本はアメリカの安全保障の傘に守られていたわけですが、反軍事的、反戦的感情には大変強いものがありました。アメリカ側としても、日本との同盟は冷戦下のアメリカの安全保障体制にとり大切な柱でした。

この時期、日本は急速に「奇蹟的」な経済成長を遂げました。フランスやドイツの二倍、アメリカの三倍の速さといわれています。生活水準は向上し、日本式経営は賞賛を受け、見習うべきモデルとして研究されました。日本の経済が好調である限り、政府は外交政策を戦後の国際協調主義的、平和主義的基礎の上に引き続きおくことが可能だったのです。福田首相や中曽根首相をはじめ、その後に続く首相たちの「国際貢献」への呼びかけは、政府開発援助（ＯＤＡ）の伸びとして反映されました。日本は一九七九年にはじまるインドシナ難民を一万人以上受け入れることさえしたのです。単一民族、文化の歴史において、これは画期的なできごとでした。

一九八〇年代のおわりには、日本はアメリカの最大の債権国になっていました。これを境に日米関係の流れが変わったのです。日本がアメリカの国債、ハワイのかなりの不動産、ニューヨークのロックフェラーセンターのような歴史的建造物までも購入しはじめると、第二次世界大戦以来はじめて、アメリカ人の目に日本が脅威と映りはじめたのでした。日本式モデルを賞賛し真似することはもはや流行ではなくなり、勤勉で貯蓄を重んじる日本人のやり方は、視野が狭く柔軟性に欠けた経済運営と軽蔑されました。アメリカは日本が世界の経済財政の責任を十分に負っていないと批判しはじめたのです。

これが日本では逆にアメリカ批判となってあらわれ、ナショナリスティックで傲慢なムードが表面化しました。一九九〇年から一九九一年の湾岸戦争は、両国の関係が一番悪化したときでした。七〇パーセントの石油を湾岸地域からの輸入に依存しながら、日本は「砂漠の嵐」作戦に自衛隊を派遣する用意ができておらず、海外、とりわけアメリカでの日本を見る目は、日本は公平に責任を担おうとしていないというものでした。日本では、憲法解釈について多くの議論がなされていました。日本の対応は確かに遅いものでしたが、結局、増税によって、百三十億ドルの貢献（それは年間のODA予算を上回る額でしたが）をしたのです。これは実に大きな額でしたが、日本が貢献を迫られたわりには、この大きな努力にたいする国際的な評価は、少なくとも日本人の目からすれば、少ないものでした。

湾岸戦争後の、一九九二年六月、日本はいわゆる国連平和維持活動協力法を国会で通過させるという「国際協調主義的」な姿勢を示しました。その直後、アンゴラなどへの選挙監視団の派遣、カンボジア（UNTAC）、モザンビーク（ONUMOZ）、ゴラン高原（UNDOF）の国連平和維持部隊への自衛隊の派遣が行われました。また一九九四年には膨大なルワンダ難民の緊急援助に対応するUNHCRや他の人道援助機関の支援活動のために、旧ザイールのゴマに自衛隊を派遣することを、私は村山首相に説得し、それに成功しました。これらの活動、ことに自衛隊の参加を実現したことは、日本外交にとって重要な転機となりました。

しかしその後、日本の指導者層は次第に内向きになりました。一九九〇年代を通じて不況が長引くと、一般の人々のムードはさらに自己中心的になり、弱い政治指導者が次々と交替したことは、国際協調主義的なコースに力強く乗り出そうとする動きを止める結果になりました。そのうえ冷戦の終焉《しゅうえん》によって、国家間の連携関係は変わり、多国間協力重視の傾向も弱まりました。日本の指導者は日本の国是についての明確な感覚を失いました。内向き志向はナショナリズムを生み、外交は沈鬱な国内のムードを反映するものとなりました。日本の経済も安全もグローバルな基盤に依存しているという認識が失われてしまいました。

アメリカ市民のムードもまた世界的関与から遠ざかっていくものでした。選挙で選出された議員たち、メディア、市民社会組織の人々の関心はますます国内問題に焦点があてられていきました。冷戦の終焉は世界戦略的な脅威の終わりを意味し、指導層は世界に対してますます距離を置いた態度を取り始めました。パウエル・ドクトリン、すなわち、明確に設定された攻撃目標と戦争目的、いずれの目標に対しても、至近距離における長期間の地上戦の恐怖を避けるための圧倒的な軍事力の行使、そしていつでも紛争から抜け出すことのできる戦略が、アメリカの基本戦略を支配しました。一九九三年に頓挫したソマリア作戦のあと、選ばれた国連平和維持活動においてさえ、アメリカは非常に慎重になっていました。国連総会の席で、クリントン大統領は国連が世界のすべての問題を解決することは不可能であり、ノーと言わなければならないときもあると表明しました。明らかに各国政府は自国の国益に直結していないところで死傷者をだすつもりはありません。アフガニスタン、アンゴラ、南スーダン、コンゴのような遠い地で、悪化してゆく多くの危機的な状況は放置されていきました。

二〇〇〇年の大統領選挙は国内問題だけに争点が集中したことで知られています。一月二十日から九月十一日の間に、ブッシュ政権は、弾道弾迎撃ミサイル（ABM）制限条約からの脱退や京都議定書の未批准にみられるように、それまでの国際関与からの方向転換を試みました。中東問題の交渉を後押しすることをやめ、世界貿易機関（WTO）の新ラウンドに加わることも避け、国連の滞納金の支払いに対しても前向きにはなりませんでした。しかし九月十一日の衝撃を境にブッシュ政権はその単独主義を変更し、世界的な連帯をつくる努力をはじめました。週を追って、政権のレトリックも変化していきました。戦争への呼びかけだけをしていたのが、次第に国際的な連帯を築き将来に備えるという深い慎慮が政権にあらわれはじめました。私にとって一番意味深い変化は、大統領が最近の記者会見の席で、「過去のアフガン地域における活動から教訓を得るべきであり、軍事目標を達成しただけでそこから引き揚げるべきではない」と表明したことです。ブッシュ大統領は、「国家建設」と呼んでいた事業にアメリカを介入させることを拒絶していましたが、このとき、それまでの姿勢を捨て去ったように思えました。

テロ攻撃に対する日本の対応もまた前向きなものであり、日本はテロとの戦いに積極的に関与し、アメリカを支持して具体的な対策をとることを宣言しました。衆議院もテロ対策特別措置法を通過させ、自衛隊が医療活動、運搬、供給を通して、アメリカと同盟国を支援できるようにその役割を定義しました。小泉首相は国際的連帯の絆を強めようと、パキスタン、サウジアラビア、イラン、エジプト、アラブ首長国連邦、タジキスタン等、古くから関係の深いイスラム諸国に特使を派遣しました。日本政府は国連事務総長による「九月二十七日国連ドナー・アラート」として発表された支援国への要請に応えて、約一億二千万ドル（約百四十五億円）からなる人道活動援助の全面支援を発表し、ＵＮＨＣＲの要請に応じて緊急援助物資の運搬のために自衛隊を派遣して、人道活動のためにさらに協力をする用意があることを公約しました。

ことに小泉内閣のもとで、日本の政治が国内問題に集中することから、外に目を向けたことは大きな変化でした。湾岸戦争で経験した、動きが遅過ぎた苦い記憶が、今回の素早く幅広い対応をひきだしたのでありましょう。この新しく生まれた姿勢がさらに根本的で永続するものへと発展するためには、さまざまな局面で大きな努力を必要とします。まず第一に、日本は国際関係で、ことにテロとの戦いやアフガニスタンに平和をもたらす努力において、リーダーシップをとるアメリカを積極的に支持し続けなければならないでしょう。次に、日本とアジアの主要な近隣諸国との関係は、ますます重要なものとして、真剣に取り組まれねばなりません。日本がアジアの近隣諸国と真にパートナーシップを築いていこうとするならば、「歴史」問題は解決されなければならないでしょう。そして三番目に、政治指導者は日本の安全と繁栄が根本的に国際社会との依存関係にあることを深く認識し、視野の広い国際協調主義の道へと世論を導いていく必要があります。

今や世界は、共通する人類の安全と安定のための、広がりのある継続的なパートナーシップを築くことを選ぶのか、あるいは再び、自己中心的な孤立主義に戻るのか、その岐路にたっています。ここで私たちは、テロリズムには単に断片的な武力行使だけでは対処できないことを思い出さなければなりません。人間の安全保障を打ち立てるという明快な理解の上に立った人類の連帯を築くための長い険しい道のりに踏み出すときが、やってきたのです。

# アフガニスタンの人々に希望を◇二〇〇一年十一月二十日

## ワシントンD.C.・アフガニスタン復興支援に関する高官会議開会の辞

パウエル国務長官、オニール財務長官、御来賓の皆様、御来席の皆様、本日はお集まりいただくと共に、このような機会をお与えくださいましたことに篤く御礼申し上げます。

アフガニスタンは今、岐路に立っています。首都カブールは北部同盟の支配下にあり、国連事務総長特別代表は、国連職員とともにカブールに入り、暫定政権の設立を助けながら支援活動に取り組んでいます。二十二年たって、アフガニスタンにようやく平和が訪れようとしています。しかし、いまだに国家は分断されたままの状態であり、治安の悪い地域をかかえています。

本日、私たちは国際社会としてはじめて、アフガニスタンの復興について論議するために集まりました。この国の将来の展望について一緒に考え、効果的で持続性のある支持を行う用意があることを表明し、アフガニスタンの人々に希望を与えることがこの集まりの目的です。

このたび私は小泉総理の特別代表となることを要請されました。日本国民及び政府は、以前からアフガニスタンの状況に深い関心を寄せてきました。日本にはアフガニスタンの人々を支援してきた実績があります。これまで日本は、難民の帰還と再定住を支援し、国内の地雷原の地雷撤去をし、調停のためにアフガン各勢力間の対話を促進してきました。この実績をもとに、日本はここ数年、アフガニスタンの平和と復興のための会議を東京で主催することを提案してきました。日本にとって、この会議の共同議長になることは喜びであり、アメリカや理念を同じくするほかの国々とともに、日本が長期的な関与を実現するためのさらなる一歩であります。

話を進める前に、ここで私はニューヨークとワシントンで起きた九月十一日の同時多発テロを思い起こし、改めて、犠牲になられた無辜《むこ》の人々に心からの哀悼の意を表したいと思います。私はまた、テロの脅威はいまだ克服されていないことを強調したいと思います。国際社会はテロ根絶のために戦い続けなければなりません。私たちが得た教訓は、破綻した、あるいは貧困にあえぐ国家を私たちは決して放置していてはいけないということです。そのような国はテロの温床になりうるからです。

私の経験をお話しさせていただきます。アフガニスタンは世界のなかでも、最大の難民を出している国です。国民は数十年にわたり、戦争と欠乏に苦しんできました。国連難民高等弁務官として十年間、私は彼らの悲嘆の声をじかに聞いてきました。ちょうど一年前、私はパキスタン、アフガニスタン、イランを視察し、難民のために国際支援を求めようと尽力しました。残念ながら、私の声は聞きとどけられませんでした。国際社会はアフガン国民に対してあまりに無関心でした。私はいまこそ、私たちが過去の失敗から学ぶときがきたと思います。

まず第一に申し上げたいことは、現在のアフガニスタンの窮状をみますと、緊急の人道支援とその拡大の必要性がますます高まっているということです。周辺の難民受け入れ国に対する支援を続ける一方で、人道援助活動をアフガニスタン国内に向けて迅速に行うべきです。食糧、住居、水、衛生などを、帰還する難民と国内避難民、さらに戦争の被害を受けた市民が緊急に必要としています。人道支援機関の活動に対しては、援助国、ことにもうすぐ会合を開くアフガン支援諸国から強力な支援が与えられなければなりません。アフガニスタンは治安と安定からいまだほど遠く、人道支援で働く人々の安全がまず優先されなければなりません。

二番目に申し上げたいことは、人道支援活動から復興への移行は、この会議で徹底的に討議されなければならない優先事項だということです。復興は国際社会からの十分な資金と専門技術を必要とします。道路は悪く、住居は不足し、衛生と教育施設は無きに等しい状態です。しかし、私が強調したいことは、この移行過程のもっとも大切な点、すなわち、アフガン社会の再統合とコミュニティ開発に私たちは焦点をあわせなければいけないということです。そしてこの問題は、人道支援と復興支援両方の機関が取り組まなければならないのです。両活動とも「ピープル・ビルディング」、つまり人材の育成と向上を活動の出発点にすべきです。人道支援機関には、アフガン社会の再建に貢献できる現地のスタッフ、NGO、専門家からなる組織を動員することができます。開発機関は、世界中の、ことに近隣諸国に散在する、アフガン人技術者や、専門家にアクセスすることができます。両者が協力すれば、地域レベル、州レベル、国家レベルでアフガン社会の中核となるアフガン男女を供給することができます。このことに関連して、私はアフガン女性が指導的立場に立つこと、そして彼女たちに必要な教育と訓練を受ける機会が与えられることの重要性を強調したいと思います。彼女たちはあまりに長い間、その機会を奪われてきていますが、彼女たちが貢献できることは多くあります。

最後に、私はブラヒミ特別代表が先週の国連安全保障理事会で語られた言葉をお借りしたいと思います。アフガニスタンの復興は、この国に「平和と安定をもたらす鍵」であり、「政権移行のかなめ」となるものであります。

ありがとうございました。

# アフガニスタン復興支援国際会議◇二〇〇二年一月二十一日

共同議長／アフガニスタン支援総理特別代表として

## 東京・アフガニスタン復興支援国際会議開会の辞

共同議長として、また主催国である日本の政府を代表して、「アフガニスタン復興支援国際会議」をここに開会することは、私にとり大きな喜びです。私は最近、小泉総理の特別代表として、人々のニーズの現場での把握のため、アフガニスタンへの調査団を率いてカブールとヘラートを訪れました。私は、アフガニスタン暫定政権指導部と意見交換するとともに、アフガニスタンの市民社会、現地で活動する国際機関、NGOの指導者たちと会って話をすることができました。過去二十三年間にわたり続けられた紛争は、国全体にさまざまな点で破滅的な影響を及ぼしたことは明らかでした。しかし、アフガニスタン社会のあらゆるレベルにおいて、和平と復興への希望が幅広く共有されていたことは非常に力づけられるものでした。

私はまた、隣国であるパキスタン、イラン両国を訪問しました。両国は、二十年以上にわたり、アフガニスタンからの難民を寛大にも受け入れてきた経験をもち、アフガニスタンの安定化の機会が現出しつつあることに死活的な利益を有し、和平プロセスに貢献していくとの意志を共有しています。安定したアフガニスタンが地域全体の利益に適うことは明らかです。

本日、東京会合を開会するに当たって、私は、過去数カ月の国際的な努力を導いてきた二つの指導的原則を再確認することが重要であると考えます。第一は、国連、特にブラヒミ国連事務総長特別代表の弛《たゆ》まない努力により達せられたボン合意に基づいて、アフガニスタン暫定政権が発足したことに始まる政治プロセスを強化していくということです。正式政権樹立までの二年半の期間は、アフガニスタンにおいてより恒久的な平和及び安定を達成する上で極めて重要です。復興計画とその実施は、機能する行政機構を作り上げていくことを目指さなくてはなりません。またそれはアフガニスタン全土にわたって復旧、復興作業が進められる前提ともいうべき、治安を全国的に確保するものでなければなりません。私は、アフガニスタンの代表がこれから提示する政治プロセスを支えるためのプライオリティー・プログラムに関する提案に、会議参加者が注意深く耳を傾け、検討することを期待します。

第二の指導的原則は、現在行われている人道支援から復旧、復興へと継ぎ目ない移行が行われるべきであるというものです。現在、我々は、アフガニスタンの復興について検討し、議論を行おうとしています。しかし、その前提となる短期的な支援・復旧活動が目下行われています。緊急のニーズが適切に満たされない限り、支援と復旧を越えた先の課題に取り組むことができる可能性はより少なくなるでしょう。十一月二十日のワシントン会合で繰り返し述べられたように、人道支援、復旧支援を中長期的な復興と統合していくことが課題です。

今回の調査団での経験を通じて二つの指導的原則がいかに私の目に映ったかを申し上げたいと思います。バグラム空港到着後、我々は、ショマリ平原で帰還中の避難民を訪問しました。我々は、曲がりくねった道を抜け、かつては「アフガニスタンの果物籠」と呼ばれた荒廃した土地を通って行きました。道の両側では、地雷除去作業に当たるアフガニスタン人たちが作業を行っていました。ショマリ平原での戦闘から逃れた避難民百九家族は、あらゆる困難にもかかわらず、故郷に戻ることを決断したのでした。彼らは、平和が到来したとして、冬が一段と厳しさを増しているのにもかかわらず、家に帰らなければならないと感じたのでしょう。しかも、故郷は高い丘陵を越えたところにあり、一度にたどり着くことはできないのでした。UNHCRと他の人道支援機関は、彼らの帰還を支援することを決めました。これら機関は、テント、食料、生活用品、それに所持品運搬のためのロバにかかる費用のため資金を供与しました。私は、帰還中の家族と話す機会があったので、故郷に戻った後の計画について尋ねたところ、彼らは躊躇《ちゅうちょ》することなく、家を建て直したい、春に向けて間に合うように種蒔きを始めたい、家畜の飼育をまた行いたい、と答えました。避難民の明確な言葉に私は平和に向けた第一歩を見たのです。彼らが戻る村に学校や保健所を作り、水供給を確保するために、復興支援が早急に必要とされているのです。

アフガニスタン暫定政権は、国内避難民の帰還を和平・和解のための優先事項として重視しています。難民も、国外から戻ってくるでしょう。彼らもすぐに国の復興と開発に貢献していくことと思います。アブドッラー外相が十日前に私に強調したとおり、「難民帰還問題は、復興問題である」のです。

東京会合を成功させなければなりません。皆様から確固かつ寛大なプレッジが必要です。多年にわたる継続的なコミットメントが必要です。しかし、我々は、資金の話のみをしているのではありません。我々は、希望を抱いている人々に対して我々が持っている影響力について常に思いを起こす必要があります。将来は、アフガニスタンの人々の手の中にあるのです。

（訳・外務省）

# アフガニスタン復興と日本の役割◇二〇〇二年三月十四日

## ニューヨーク・日米協会での講演

一月二十一、二十二両日に東京で開かれたアフガニスタン復興支援国際会議には、六十一カ国と二十一の国際機関が参加しました。全体で四十五億ドル以上、二〇〇二年度だけでも十八億ドル以上の拠出金が誓約されました。これはあきらかに、平和と安定への長い道のりに歩み出したアフガニスタンの支援活動に、国際社会が関与しようとする表れです。会議に出席したカルザイ議長率いるアフガン暫定政権の代表者たちは、和解と復興のプロセスを追求する決意を表明しました。

なぜ日本はこのように、会議の開催国となってアフガニスタンの目標を推し進めるという役割を、積極的に引き受けたのでしょうか。また、この復興の仕事が意味するものは、何なのでしょうか。私はここで、この二つの問題についてお話ししたいと思います。

まずはじめに申し上げるべきことは、日本はつねに中央アジアに特別の関心を抱き、その地域の政治的安定と経済発展に寄与してきたということです。「絹の道」は、強い歴史的文化的な絆でふたつの地域が結ばれていることを、ノスタルジアとともに日本人に思い起こさせます。アフガニスタンが絶え間ない紛争に苦しんでいた過去二十年間に、日本は何度も交戦する各派をまとめて調停しようとしました。一九九六年、タリバーンが事実上勝利を収めた時にも調停を試みています。日本の努力は実りませんでしたが、その長期にわたる努力は国際的に、ことに国連サークルでは評価されています。

九月十一日のテロによる世界貿易センタービルとペンタゴンへの攻撃は、世界の関心をアフガニスタンに向けさせました。過去数十年、アフガニスタンはほそぼそと人道的慈善事業に頼るだけの、忘れられた国でした。テロとの戦いをはじめたアメリカは、広範囲にわたる支持諸国からすみやかに協力を得ることができました。アメリカの緊密な同盟国である日本も、すばやい対応をみせました。最も注目すべきは、十月二十九日にテロ対策特別措置法が国会で通過し成立したことです。アメリカと共同して出動した諸国はタリバーンとアルカイダ掃討の軍事作戦に入り、日本はインド洋でアメリカとイギリス艦船に燃料補給をするために海上自衛艦を派遣するという支援活動をはじめました。しかし、小泉首相が十月に上海でブッシュ大統領との会合で合意したように、日本の主たる活動は、平和と復興支援に向けられています。

アメリカと日本はアフガニスタン復興支援国際会議の準備をはじめるにあたり、十一月二十日にワシントンでアフガン復興に関する高官会議を共催し、ヨーロッパとサウジアラビアも共同議長として参加しました。そのときはまだ、ボン合意には達しておらず、正式な政権樹立のための政治的青写真もできていませんでした。その後のボン合意の締結は国連、ことに国連事務総長特別代表のラクダール・ブラヒミ大使とアフガニスタンの人々の努力によるところが大きいと思います。完全な政治的解決をみる前に、復興会議が行われるということは実にめずらしいことです。ワシントンから東京に至るまでの過程で、多くの会合がもたれました。これらの会合を推し進めたことにより、ひとたびアフガニスタンの人々が平和に同意すれば、国際社会は惜しみない支援をする用意があるという政治的メッセージを送ることになりました。

アフガン復興の具体的課題が国際的に明らかになりはじめると、私は小泉首相の特別代表に任命され、日本としての取り組みを率いることになりました。私は過去数年にわたり、国連難民高等弁務官として何回もアフガニスタンとその周辺国を訪れています。難民問題の中で最も大規模なアフガン難民は、一九九一年に私が就任したとき、その数六百三十万人でした。ソ連占領軍撤退後、その多くが帰還しましたが、その後数年間、帰還、流出を繰り返し、二〇〇〇年末に私がＵＮＨＣＲを離れた時点では、まだ約二百五十万人という大きな数の難民が残っていました。

二〇〇〇年の秋、私はパキスタン、アフガニスタン、イランを訪れました。アフガン難民問題解決のための支援を取り付けるべく、高等弁務官として最後の働きかけをするためでした。当時、難民受け入れ国であるパキスタンとイランは国際援助の減少により深刻な状況に直面していました。援助供与諸国にとっては、難民を帰還させることは妥当な解決策ではありませんでした。当時アフガニスタンは、イスラム原理主義のタリバーン政権が実権を握っていたために、本国に戻ってタリバーンのもとで暮らしていくことを望む難民などいないと国際社会では考えられていたのです。九月十一日がもたらした悲劇にもかかわらず、その後の展開は、アフガニスタンにとっても、アフガン国民にとっても、新しい機会をもたらすことになりました。私自身はアフガン難民の状況改善に向けて貢献できることを嬉しく思います。アフガン難民は私がし残した一番大きな仕事だったからです。

私は東京での国際会議の準備のために、この一月上旬、ふたたびパキスタン、アフガニスタン、イランを視察しました。アフガン復興のための大きな枠組みとして、二つの面に焦点があてられなければなりません。国家と社会です。

最初に、国家レベルの話をすると、最も緊急な仕事は国全体に治安が確保されることです。同時にサービスと統治を実施するための行政機関がつくられなければなりません。アメリカがタリバーンとアルカイダの残党を掃討しているあいだ、安全保障理事会から権限を委託されている国際治安支援部隊（ＩＳＡＦ）が、カブールの治安を担当しています。しかし、アフガニスタンのいくつかの地域では、治安が悪化している兆候がみられ懸念がひろがりつつあります。暫定政権のカルザイ議長はじめ多くの人が安全保障理事会にＩＳＡＦの権限を拡大するように要求していますが、同様に私も、早期の調査と断固とした措置をとるよう安全保障理事会に依頼しています。多国籍軍の投入と同時に、関連したふたつの取り組みが必要です。アフガンの国防軍と警察の設立、それに、かつての兵士たちの武装解除と市民生活への復帰です。互いに関連したこれらの措置は武器と武装した人々があふれる国で実行されなければならない大切な取り組みです。しかも、早急に結果を出さなければなりません。治安の確保は、人道援助と復興支援をすすめるための前提条件だからです。

暫定政権が行政機関に移行することも、緊急を要します。この一月上旬、私がカルザイ議長を訪問し、何が優先的に必要かと尋ねたとき、彼は興味深い率直な答えをくれました。議長は、政府の外にいたときは、何よりも教育が優先されるべきであり、その次に道路の修復、そして保健が来ると考えていたそうです。しかし、政権を担当するようになって、機能する政府を設立することが絶対に必要だということを理解しました。議長には公務員に支払うべき給料、閣僚たちが仕事をする建物、コミュニケーションのための電話が必要でした。最高裁判所を再興し、新しい中央銀行を設立し、通貨を発行し、他のさまざまな統治機関を設立して、法律に従った行政機能を強化しなければなりません。私はほかにもさまざまな国で、紛争直後の状況のもとに政府が零からはじめる手助けをしてきましたが、アフガンの欠乏状態はどこよりも厳しくかつ悲惨なものでした。それは、二十年以上にわたる戦争と荒廃の遺産だったのです。少なくとも、国際社会は公務員の基本給料をここ数カ月分支払える資金を集めようとしています。

ここで留意する必要があるのは、国際社会が、アフガニスタンにおいては、カンボジア、コソボ、東ティモールでしたように移行政権を設立していないことです。国際社会は、アフガン政権がアフガニスタンの国民に認められ、彼らに対して責任をもつ制度を設立する手助けをしているのです。国際社会としては、アフガン国民の要求をみたし、彼らの能力を高める手助けを人々のレベルでするべきなのです。実際、国連の最近の主要な活動は人道援助活動に集中しています。危険だとされている地域や遠すぎるという地域にもいくらか援助の手がさしのべられるようになってきているのです。さらに、戦争や旱魃で土地を追われた人々が故郷に帰りはじめています。国内には百万人もの避難民がおり、政府は彼らが故郷に戻れるように心を砕いています。そのうえ、パキスタンとインドには四百万人にのぼる難民がいますが、彼らも帰還しはじめています。ここで、ふたつのエピソードをご紹介しながら、私が考えている、国際機関が社会のレベルで取り組むべきことについてお話ししましょう。それは、社会を構成しているコミュニティの復興なのです。

一月二十一日、東京で復興会議が開会された際に、私は自分がカブールのバグラム空港に着いたときに見たことを各国代表に向けてお話しいたしました。私たちは、ショマリ平原に帰る準備をしている避難民の視察に出かけました。私たち一行は、曲がりくねった道を走り、かつてはアフガニスタンの「果物籠」として知られていたのに、いまでは荒廃しつくした平原を通り抜けました。アフガン人が道路の両側で地雷撤去の作業をしていました。ショマリ平原の戦闘から逃れてカブールに避難していた百九家族、あわせて千人ほどの避難民が、あらゆる困難にもかかわらず、戻ることを決断していました。明らかに彼らは、平和が訪れたのであれば、どれだけ寒さが厳しく過酷な旅になろうとも故郷に戻るべきだと感じていたのです。ＵＮＨＣＲを中心に複数の人道援助機関は、彼らを支援することに決めました。これらの避難民が一度に故郷に戻ることは無理だったので途中に休憩所をつくりました。彼らの帰りつく村は急な丘をいくつも越えたはるか先にありました。国際機関は彼らにテント、食糧、生活用品、そして荷物を運ぶロバを買うお金を提供しました。私は故郷に戻ろうとしている家族に、これから何をするつもりなのかと尋ねました。彼らは躊躇することなく答えました。彼らは住まいを建て直し、春に間に合うように種を蒔き、さらには再び家畜を飼いたいと言ったのです。

故郷に戻ろうとする避難民の言葉に、私は平和に向けた第一歩をみる思いがしました。それ以後、さらに多数の避難民が出身地の村に帰りはじめました。避難家族を故郷に戻すための人道援助は、彼らが戻った場所で住みやすい村を築くことができるように、すみやかに再生と復興の取り組みにつながるべきでしょう。住居、種子、学校、保健所、水の確保などが必要です。つまり、村のあらゆる施設を復興させる取り組みは、帰還の動きがみられると同時にはじめなければならないのです。いろいろなフォーラムで繰り返し主張されたように、アフガン復興において誰もが認める実行原則のひとつは、緊急人道援助から復興にかけて途切れない移行がなければならない、ということです。ショマリ平原で、私は「途切れない」移行が意味することを確実に見てとりました。この重要な作業に失敗すれば、帰還者たちは荒れはてた村で生活をしていくことをあきらめ、都市部に戻ってしまうかもしれません。

もうひとつ例をあげさせてください。アフガニスタン北西の地方首府ヘラートを訪れたとき、私は女子校の視察に招かれました。学校の建物はヨーロッパの人道機関からの寄付によって修復され、三日前からは、三月二十二日に新学期がはじまる準備として、ユニセフの支援による実験的な教室が開かれていました。校庭で生徒たちが列をつくって私を迎えました。小さな少女たちが伝統的な衣装をまとい、花と歌で私を歓迎してくれました。私は三つの教室を視察しましたが、どのクラスも年齢の違う生徒で構成されていることに驚かされました。タリバーン政権のもとでは、女子が学校にいくことは禁止されていたので、新しい学期では、どの教室にも、違う年齢のグループがまじっているのでした。生徒たちは、私の質問に対して非常に活発に気持ちよく答えてくれました。あきらかに学校に戻れることの喜びに満ちあふれ、ひとりは医者になりたいと言い、もうひとりはエンジニアになりたいと言いました。先生たちにも会いました。何が一番ほしいですか、と私が聞くと、先生たちは口をそろえて、「お給料！」と答えました。何カ月も何年も給料を支払われていなかったのです。本もノートも必要でした。学校ではあらゆるものが必要だったのです。タリバーン政権では、自宅教室で勉強を続けた少女たちもいます。会に出席していた先生のひとりは、自分の家に、一時期、七十九人の少女たちが来ていたと言いました。タリバーンは、彼女たちが自宅で学校を開いているのを知ると閉鎖させたので、その先生は、少女たちは彼女の家を訪ねてきた客だと説明したこともあったと言いました。たとえタリバーンでも、客を禁止することまではできなかったのです。私は彼女たちの率直さに驚き、また感銘を受けました。あきらかに、この苦境の時代に学校にいきたいという願いは、ことに少女たちの胸に強くあったのです。UNHCRのベテラン通訳が最後に静かに私につぶやきました。「きょうは良い日ですね。少女たちが学校に戻ってきました」

私がここでご紹介した「故郷に戻る」、「学校に戻る」プロジェクトは小さなものです。これがアフガン復興全体に何かをもたらすだろうかと不思議に思われる方もいらっしゃるでしょう。しかし、これらのプロジェクトが意味するところの規模をご想像ください。故郷に帰還しようとする避難民、難民の数は四、五百万人です。新学期に入学してくる子どもたちの数は少なくとも百五十万人から二百万人、そしてもっと増えることでしょう。高校や大学の生徒の数も考慮に入れなければなりません。

コミュニティ・レベルでのアフガニスタン復興は、自分たちの社会の構成要員となるという願いと決意をもつアフガン国民を動員することを意味します。国際社会の支援に期待されるのは、アフガン国民の近くに行き、そのニーズを理解して手を差し伸べること、そして決して押し付けないことです。支援の目的は、アフガニスタンの制度や人々の能力を強化することにあるのです。

もちろん、アフガニスタンの復興には、電気、水、道路などの大規模なインフラストラクチャーの再建が必要です。国際金融機関は調査と計画を通して、包括的な提言をしてくることでしょう。それらの計画ができるだけはやく明らかになることを願っています。こうしたプロジェクト実施に関心のある出資国は多くあります。アフガニスタンは彼らの投資を必要としています。包括的な援助計画があれば、全体を調整しながらそれぞれのプロジェクトを直接支援することができます。アフガニスタンの経済と治安に重要なものに、けしの栽培の取り締まりがあります。農夫に代替農産物を栽培させ、麻薬を取り締まる機関を設立することは、復興の取り組みのなかでも特に大切なものです。言うまでもなく、国連と五千人近くの訓練を受けたアフガン人の地雷撤去作業団による地雷除去作業も活動を継続しなければならず、長期にわたって、ますますその仕事は広がっていくことでしょう。

アフガン復興への日本の貢献に関していえば、日本政府は二年半で最高五億ドル、そのうち二億五千万ドルを二〇〇二年のうちに拠出すると誓約しています。暫定政権のかさなる出費に応じるほか、支援の優先分野はすでに決められており、地雷除去、保健、教育、難民帰還にあてられることになっています。日本はことに、難民の帰還と社会定住との間の連携を促進することに力をいれています。それは、厳しかったタリバーンの時代に、日本がアズラと呼ばれる地域で帰還する難民の再定住プロジェクトを限定的ではありますが、成功させていたという実績があるからです。ユニークな貢献としては、メディア・インフラストラクチャーの再建が行われています。カブール放送局の現在の放送施設は日本が一九七七年に提供した古い機材に依存しており、都市圏内に限られています。テレビは政治能力を育てるだけでなく、アフガン国民の全国規模の教育を促進するのに、大きな役割を果たすことができます。日本はまた、即効的な効果をもつ公共事業を支援することにより、カブールで二万人以上のアフガン人がただちに仕事に就くことができる支援を始めています。経済協力の専門家チームがアフガニスタンを訪れて政府のコンサルタントになっています。彼らはさらに他の関連プロジェクトも提供し、この国の政治能力や市民生活の機能を一層高める努力を行うこととなるでしょう。その他開発銀行によって必要なプロジェクトが決定されたなら、日本はそうしたより長期的な復興計画を支援していくことになるでしょう。

国際社会が現在のような関わりを続けるかぎり、アフガニスタンが良い時代を迎えることは約束されていると思います。日本はすでに引き受けた積極的な役割を将来にわたって長く果たさなければなりません。言葉や約束だけではなく、行動こそがアフガニスタンの運命を決定するのです。平和で安定したアフガニスタンは、人々にとっての利益であるばかりでなく、その地域全体、さらには世界全体にとっても有益なのです。

# 国家の安全保障から人間の安全保障へ◇二〇〇二年五月二十六日

## ブラウン大学（オグデン・レクチュアー）での講演

二〇〇一年九月十一日に、世界貿易センタービルと国防総省ビルが壊滅的な攻撃を受けてから八カ月がたちました。マンハッタンにある四十階の自分の部屋から貿易センタービルが火に包まれて倒壊する様子をみた私は、今なおアメリカの人々の衝撃と恐怖、そして深い悲しみを共にしています。政策論議にたずさわることを仕事とする私たちにとって、この攻撃は、安全保障に対する基本的な前提を見直す転機となりました。

従来、安全への脅威は攻撃的で敵対的な意図をもつ他国からもたらされるものでした。安全保障の問題は国家権力の文脈のなかで検討されたのです。国家——すなわちその国境、国民、制度、価値観——を守ることは、国家の責務であり目的でした。各国は自らを守るために強力な軍事組織をつくりました。国民は国家の保護のもとに、安全を保障されていると考えられていたのです。国境は不可侵とみなされ、主権国家の国内政治に対して外から介入することは許されないことでした。

九月十一日の攻撃により、テロリズムが新しい大きな脅威のかたちとして姿を現しました。最近アメリカ合衆国政府は、収集された秘密情報をもとにアルカイダ一派による新たなテロ攻撃の可能性があると警告を発してきています。しかし、これらの情報にともなう問題は、攻撃が予想される時も場所も確定できないということです。それでは一体、どのようにしていつ起こるかもしれないテロの攻撃から市民を守ることができるのでしょうか。

九月十一日以後アメリカが実施してきたテロ掃討作戦は、国家として必要な行動であったことは誰もが認めるところです。しかし、ここでの大きな課題は、国家の安全保障と、それと同じようにきわめて大切なもの、市民の自由と生活を保護することとの間でいかにバランスをとるかということです。自由と民主主義の原則はアメリカを国家として成り立たせる基盤です。国家は、市民の権利や国籍を持たない人々への公正な取扱い、表現、思想の自由をどこまで認めるべきなのでしょうか。テロの脅威は現実のものです。祖国の安全が要求されているということも現実です。しかし、グローバル化した世界では、軍事力や政府の力ではテロに対抗することはできないのです。

ここで、グローバル化した世界がもつ特性を考えてみましょう。グローバル化は多くの人々に、豊かさと、仕事の機会、よりよい生活をもたらした一方で、社会で弱者の立場にある人々には、逆の効果をもたらしています。情報技術（ＩＴ）の急激な拡大、交通とコミュニケーションの発達、そして金融資本の自由な流れは、人口移動を加速させています。こうした背景はまた、国境を越えて人々がネットワークをつくることを可能にしました。社会の隅に追いやられ、権利を奪われ、貧困と不平等ゆえに不公正に扱われているとして怒る人々も、自分たち同士で連帯する新しい方法をみつけています。アメリカに対して国際テロを仕掛けたアルカイダのネットワークは、新しいグローバル化の脅威の産物であるわけです。

さらにもうひとつの特徴として、冷戦終焉に続く十年の間に、戦争の形態が、多くの場合、国家間から国内の紛争に変わったことがあげられます。安全を脅かす原因のほとんどが、民族的、宗教的、政治的集団が権利や資源を奪い合い、報復しあうというような国内問題になってきました。ボスニア、コソボ、チェチェン、グルジア、シエラレオネ、ブルンジ、ルワンダの紛争がみなそうでした。一方国際社会は、対立するさまざまな主張に対処する効果的な手段を欠いていました。民族自決の原則をもちこむことは、単に国家を発展性のない政治経済単位にまで分解させてしまうだけでした。大規模な空爆は主要な軍事拠点を破壊することはできるかもしれません。しかし、部族や地方の中心的指導者まで排除することはできないのです。家族と家族が戦う共同体レベルの紛争が、空爆によって解決されることなどありえないのです。

それでは、私たちは今日直面する安全保障の問題にどう取り組んだらよいのでしょうか。この答えを求めるにあたり、私はより一層、直接的に市民レベル、社会レベルの安全保障を探るようになりました。従来人々は、国家保護の受益者か、あるいは、戦争と紛争の犠牲者としてみられていました。国家だけではなく、人々の安全保障を強化する困難な仕事に取り組むためには、どこからとりかかるのが効果的なのでしょうか。

冷戦終結後の十年間、私は国連難民高等弁務官として、祖国を離れざるをえなかった何百万人の人々の保護と問題解決のために、難民援助の課題に日々取り組んできました。多くの人々が国境を越えなければならず、その結果国際保護を受ける資格のある難民になりましたが、さらに多くの人々は国内避難民であるために、国からなんの保護も受けることができないでいました。そのほか暴力と無秩序の犠牲になっている人々も多数いました。難民と国内避難民との区別がなくなったこと、市民が標的になって苦しむこと、これが、過去十年の大きな特徴でした。自分に与えられた責務を遂行するなかで、私の関心はいつも、まず、これらの犠牲者に安全を与えること、彼らにより幸せな人生を送る機会が与えられるよう支援することに向けられていました。

現に安全が脅かされている犠牲者に焦点を絞ることによって、私は彼らを保護するために何が必要なのかを理解することができると思い始めました。そしてまた、互いに利害や関係が異なる人々の対立を考察することにより、彼らの安全を強化したり、阻害したりする政治的、経済的、社会的要因を発見することができるのではないかとも考えました。国内紛争が続いている国々で安全が失われ人々が逃げはじめた時、人道援助機関とそのスタッフはその地域にとどまり、緊急援助を行い、政府や事実上の支配者と移動する難民の安全を確認し、国境を開くことについて交渉する等、犠牲者とともに在ることにより、ある程度の安全を確保することはできます。しかし、彼らが現地の警察にとってかわったり、法的な権限を強めたり、戦闘員や復員兵を普通の難民から分ける監視団や平和維持軍の役を果たすことはできません。そこで私が気づいたことは、既存の国際機関の権限や仕組みは、ほとんど国家の安全保障を前提にしているということでした。しかし、人々を保護したり、彼らの問題に正面から取り組む手段は、驚くほどなかったのです。

「人間の安全保障」という概念は、今日の世界に生きる人々の安全保障の問題に取り組むにあたり、ふさわしい出発点であると思われ、私はますます関心を抱くようになりました。また、この概念は国際的にも知られるようになりました。国連ミレニアム・サミットで、コフィ・アナン国連事務総長は、人々は「欠乏からの自由」と「恐怖からの自由」を享受すべきだと述べ、このふたつが国連のこれからの優先的な目標になると宣言しました。すでに一九九九年、故小渕恵三首相も、人々は「生存がおびやかされることのない、尊厳が傷つけられることのない」人生を歩むべきだという考えを提唱していました。小渕首相のこの思いが日本政府によるふたつの重要な援助策へと結実しました。ひとつは、「国連人間の安全保障基金」の設立です。そのときから今日まで、七千万ドル以上が国連を通して各プロジェクトに分配されました。二つめは、日本政府の主導により「人間の安全保障委員会」が設立されたことです。それは、「政策形成と実施のための行動指針として、人間の安全保障の概念を展開させる」ことが目的でした。

私は、ノーベル経済学賞受賞者のアマルティア・セン教授とともに、国連事務総長の支持を得て日本政府が設立したこの委員会の共同議長となりました。ほかに、世界中のいろいろな地域から、さまざまの分野の有識者が十名選ばれて委員になりました。この委員会はまだ歩み出したばかりですが、その主な方針をご説明いたします。

まず第一に、委員会は人々の安全保障に焦点をあてます。すなわち「人々が中心」なのです。とは言うものの、委員会は人間の安全保障問題を考えるにあたり、すべての人々、すべての社会を対象にすることができないことは十分承知しています。委員会は、つねに危険に脅かされている人々、紛争の犠牲者、難民や避難民、極貧に喘《あえ》いで生活している人々、飢えと疫病に悩んでいる人々を対象にしていきます。個人の安全保障問題を除外するわけではありませんが、委員会は、民族、信仰、伝統等のために、社会的に疎外されている集団の問題に取り組もうとしています。長期にわたって同じ社会のなかの集団の間に不平等があることは、暴力をうみだし、ひいては人道的、政治的な危機をもたらす根本原因だと考えられます。

第二に、人間の安全保障への脅威に対して、委員会はふたつの面から取り組みます。ひとつは保護。もうひとつが能力育成（エンパワーメント）。保護には初期の警告から法的制度的な枠組みづくり、人間の基本的ニーズへの対応にいたる一連の行動が必要となります。初期の警告があれば、犠牲者にとっても、コミュニティ全体にとっても犠牲は小さくて済むと一般に考えられています。しかし、ここ数年間に勃発した危機をみてきた私の個人的な意見としては、緊張が衝突や内紛に発展するのは、警告が発せられていなかったからではなく、惰性のために行動をおこさなかったことが原因です。結局、自分の立場を完全に変更せざるをえないほどの危機が目の前に迫らないかぎり、たとえ快適ではなくても、自分にとって都合のよい政治的、経済的、社会的秩序を、一体誰が変えたいと思うでしょうか。コンゴにしても、コソボ、あるいはアフガニスタンでも、警告は山のように発せられていました。しかし、反応は鈍かったのです。「予防」という言葉が、今日ますます声高に叫ばれてきていることは喜ばしいことですが、これが政策の実行のなかに組みこまれるには、まだまだ時間がかかりそうです。委員会はあくまでも警告を発し続け、多くの具体的行動事項を引き出さねばなりません。

能力育成への取り組みは、もう少し具体的なものです。これには、開発援助計画が長い間目標にしてきたような、ボトムアップの活動が組みこまれています。アフガン復興計画においてコミュニティづくりに重点を置くという今の試みは、能力育成活動をさらに強めていく方向に進むでしょう。二十年以上にわたり、人々が殺人や暴力、避難民となる苦しみを味わい、健康、教育、社会全体の機能を奪われてきたアフガニスタンでは、国家建設のために、能力育成が最優先させられなければならないのです。委員会では、ことにアフガン女性たちの能力育成に力をいれようとしているところです。人々の能力育成が、国家の将来の安全保障と安定に確実に結びつくならば、人間の安全保障に取り組む意義はますます大きなものとなるでしょう。

委員会にとって最大の課題は、広い範囲にわたって問題に対処できるように、人間の安全保障問題の枠組みを十分に包括的なものにすることです。おおまかに申しますと、国際社会による取り組みは、人道援助と開発援助の活動分野が考えられます。委員会は紛争と貧困の両分野を概念的に結びつけなければなりません。社会の経済発展を妨げるような紛争の例は山とあります。開発指標が最低の国々は、紛争が長引いているところであるということは、決して偶然ではありません。ところが、紛争と貧困を結びつけることに関して、事例で証明することはいささか難しいといわねばなりません。しかし、急激な経済財政の悪化はしばしば大きな政治変動をもたらします。インティファーダ（民衆蜂起）に続く情勢と、多くのパレスチナ人が失業していることは、経済の悪化が絶望的で過激な行動につながることを示しています。人間の苦しみと不安を真に緩和するためには、国際社会がひとつになって、「欠乏からの自由」と「恐怖からの自由」を訴えなければなりません。

このスピーチを締めくくるにあたり強調しておきたいことは、人間の安全保障に焦点をあてる仕事が、国家の安全保障にとってかわるわけではないということです。国家の安全保障は強化されなければなりません。両方とも必要なものであり、互いに補完関係にあります。しかし、国家に対して、安全を提供してくれる拠り所とみる従来の観点からのパラダイムシフト、すなわち根本的な発想の転換を試みることは、非常に大切なことだと私には思えます。つねに大きな脅威にさらされている状況から人間の生命を守り、人間の尊厳を十分に尊重していくために、人々の保護と能力育成に直接安全保障の目が向けられるならば、国家の安全保障は根幹から強化されることになるでしょう。

# 国連安全保障理事会での演説◇二〇〇二年七月十九日
アフガニスタン支援総理特別代表として

## ニューヨーク・アフガニスタン情勢に関する国連安全保障理事会公開討論

議長、

アフガニスタンの重要問題につき議論するために安保理に参加することは光栄です。安保理がアフガニスタン国連事務総長特別代表であるブラヒミ大使の出席を得て本会合を開催することは実に適切なことです。彼の貢献は広く認められておりますが、緊急ロヤ・ジルガ（国民大会議）の期間中、アフガニスタンにおける平和と繁栄の達成のための同大使のただならぬ努力を間近で拝見し、私は国際社会とともに、同大使の業績に対する敬意と謝意を表したいと思います。

私は小泉総理大臣の特別代表として、六月十三日から十九日までアフガニスタンを訪れました。この期間中、緊急ロヤ・ジルガへの立ち会いに加え、カルザイ大統領を含むアフガニスタン政府の主要関係者、国際治安支援部隊（ＩＳＡＦ）指導部及び現地外交団のメンバーと議論することができました。私は、また、カンダハールを訪れ、地方政府の関係者及び国連諸機関の代表の方々ともお会いする機会を得、また、パキスタン国境付近及びそれをまたいで位置するスピン・ボルダック及びチャマンの国内避難民（ＩＤＰ）・難民キャンプを訪れました。私の全般的な印象は、五カ月前に私がアフガニスタンを訪問して以降、顕著な進展がみられるということでした。現地で知ったことに基づき、安保理に対し私の所見を述べるとともに、今後の進むべき途についてて提案させていただきたいと思います。

議長、

緊急ロヤ・ジルガのプロセスは、アフガニスタン全土及び在外から代表を選ぶための草の根レベルの努力から開始されました。千六百五十人の選ばれた代表が巨大なテント張りのホールに参集し、一週間以上にわたり演説し、演説に答えることに立ち会うのは、印象的な光景でした。カルザイ大統領が秘密投票により八五パーセント以上の賛成を得て選出されたことを心からお祝いいたします。緊急ロヤ・ジルガを成功裏に終了したことは、アフガニスタンの長期的な平和及び復興のために不可欠なことでした。その一方で、新たに発足したアフガニスタン暫定政府によって立つ政治バランスは依然として非常に不安定です。このことは、つい最近起こったハッジ・アブドゥル・カディール副大統領の悲劇的な暗殺により明白となっています。私は、アフガニスタン国民に対し、深い哀悼の意とお悔やみを表明したいと思います。このような展開から、国際社会が政治的及び国民的和解プロセス双方の明確な進展を確保するため、新たに発足したカルザイ政権を引き続き支援していくことがなお一層重要となっています。

緊急に取り組むべき問題が二点あります。それは、治安と難民の急速な帰還です。全土における適切な治安の提供は、和平を定着させ、復旧・復興の努力を前進させるための前提条件です。カンダハール地方で、この数カ月内に北部から退避してきたパシュトゥーン人のＩＤＰの方々に会った際、彼らは、治安面の脅威について話し、マザリ・シャリフに平和維持プレゼンスを展開することを求めていました。彼らは、武装分子の動員解除及び武装解除、失われた財産の補償が帰還のための前提条件であるとしていました。アフガニスタンにおける最近の進展に鑑み、私は、彼らの述べたことは、安保理における再検討に値するものと感じています。私は、ISAFまたは他の平和維持軍を北部の不安定な地域に展開することを要請する声に賛同します。私たちは、また、IDPの帰還を支援する方法を見いださなければなりません。さらに、国際的な努力により国軍、警察及び司法制度の改革・再建や、武装分子の動員解除及び社会復帰が速やかに具体的成果を上げるよう支援することが重要です。

もう一つの重要な問題は、特にパキスタンからの難民の帰還が急速であるということです。私のカブール滞在中に、百万人目の帰還者が記録されました。私がカブールで訪れた学校では、生徒の半数以上が最近帰還した子どもたちでした。このこと自体は人々がアフガニスタンのより良い将来に期待していることを示すものであり、歓迎すべきことです。難民の帰還率が変動することは避けられません。しかし、その規模は、旱魃及び民族対立による新たな国内避難と相まって、彼らを受け入れる地域社会の受容能力を容易に超えてしまうおそれがあります。このことは、中長期的には、アフガニスタンの治安環境及び政治的安定に深刻な影響を与え得るものです。この懸念は、私がお会いしたカブール及びカンダハールの政府関係者が繰り返し表明しており、安保理が最近採択した決議一四一九においても認識されていることも付け加えたいと思います。最悪のシナリオを避け、国を安定させるためには、地域社会に速やかにと け込めるよう、帰還民及びＩＤＰに対し、雇用機会その他の支援を提供するための緊急の措置がとられなければなりません。アフガニスタン政権は、社会開発プログラムの策定、実施のための支援を必要としています。

議長、私たちはどうすべきでしょうか。

私たちが、現在ボン・プロセスにおける緊急ロヤ・ジルガ後の段階にあることに鑑み、国際社会は、次のステップに進み、その復興支援活動を全面的に実施し始めなければなりません。この関連で、今月十日、パリにおいて、アシュラフ・ガーニ移行政権財務相及びブラヒミ大使の出席を得てアフガニスタン復興支援運営グループ（ＡＲＳＧ）共同議長国間会合が開催され、これが現在のニーズ、プレッジされた資金についてレビューし、将来の戦略について調整する良い機会となったことをお伝えできることは幸いです。

実施面から申し上げれば、全面的な復興の取り組みが待たれますが、それは依然として計画段階にとどまっています。現場で視察した状況から判断すると、復興活動は依然として遠く、人道支援が引き続き支配的でした。この点において、人々の復興及び難民、IDP及び元兵士の社会復帰のニーズに答えるため、地域社会開発に対し全力を挙げた取り組みを傾注すべきです。飲料水・農業用水供給設備、教育、公衆衛生設備、医療サービス及び道路再建事業を早期に実施することは、この時期において決定的な違いを生むことになります。カルザイ大統領が繰り返し優先事項であると強調している道路については、私は、アジア開発銀行に対し彼のメッセージを伝え、計画を速やかに実施するよう要請しました。

日本は、UNHCR、ユニセフ、その他の国際人道機関による難民及びIDPの帰還・社会復帰プログラムは、世界銀行及びアジア開発銀行による地域復興計画と組み合わせ、包括的な地域開発プログラムの基礎を構成するものと考えています。実は、このようなプログラムは、国連アフガニスタン支援ミッション（UNAMA）主導の下、移行政権及び地方政府と密接に協議しつつ策定されています。カンダハールが出発点となり得ます。この点から、日本は、既にカブールで成功裏に行われている国連開発計画（UNDP）の「アフガニスタンの復旧及び雇用に係わるプログラム（REAP）」をカンダハールに拡大することを決定しました。日本は、このような包括的な地域開発の策定及び実施において主要な役割を果たす所存です。今後数週間以内に、大規模なアフガニスタン支援パッケージを発表する予定です。包括的地域開発プログラムは、その相当部分を占めることになるでしょう。

議長、

演説の冒頭で、私は、アフガニスタンに関する全般的な印象として、過去五カ月の間に顕著な進展が見られると述べました。演説を終えるに当たり、私が見たことを述べさせてください。カブールの北にあるショマリ平原に戻った時、一月に故郷を目指していたIDPの方々が既にもといた地域に定着して家の再建を始めていました。幾つかの家族は既に家の再建を終え、手工芸の作業を再開していました。もう一つの勇気づけられる復興の兆しとして、畑の葡萄《ぶどう》には緑が芽吹いていました。このような進歩は、小さくとも、アフガニスタンの人々に平和の配当を実感させるものです。結局、重要なのはこのようなことであり、国際社会は、この流れが後戻りしないようにするため、支援を継続していかなければならないのです。

（訳・外務省）

# V　世界へ出ていく若者たちへ

UNHCR／P.Moumtzis

1日で25万人の難民がルワンダからタンザニアに逃れた。1994年4月

# 世界へ出ていく若者たちへ◇一九九七年

人間は仕事を通して成長していかなければなりません。その鍵となるのは好奇心です。常に問題を求め、積極的に疑問を出していく心と頭が必要なのです。仕事の環境に文句を言う人はたくさんいますが、開かれた頭で何かを求めていく姿勢がなければなりません。

私が国連難民高等弁務官に就任し、組織改革と職員の能力向上プログラムに取り組んでから六年半になります。私は国連機関をサービス機関だと考えています。世界に対してサービスを提供するのが役割ですから、役に立つサービスをしなければ存在意義はありません。

私が心がけているのは、現場事務所の裁量を増やすことです。任せられる裁量の大きさが仕事への動機づけになるからです。それが自ら問題設定をして取り組む姿勢につながります。裁量が少ないということは責任も少ないということで、そうなると職員は現場ではなくジュネーブの本部の方を向いて仕事をするようになります。なかには外交官気取りで、首都の事務所にどっかりと腰をおろしているだけの職員がいますが、そういう姿勢はたたき直そうというのが私の方針です。

若い職員には必ず現場に出てもらいます。ジュネーブにずっといたい、という希望は基本的に聞き入れられないし、そういう人物は採用しない。危機的状況下で決断を繰り返す経験が必要だからです。

国際機関で働きたいと思っている人だけでなく、日本のあらゆる若い世代に、「何でもみてやろう」「何でもしてやろう」という姿勢を意識的に持ってもらいたいと思います。冒頭で、疑問を出していく心と頭が必要だと述べましたが、日本人は答えはきっちりと出すが、問題を出してこないという欠陥があるように思われます。

私が米国に留学していた一九五六年、ハンガリー動乱が起きました。しばらくすると私がいた大学や、暮らしていた町にハンガリー人が移り住んできました。米国というのは、世界の政治変動や紛争を身のまわりの出来事として意識させる国です。日本にいると、残念ながら世界の動きを現実のものとして感じる機会はきわめて少ないのです。ここ二、三十年でかろうじて日本の若者が現実感を伴って世界に関心を持ち得たのは、カンボジア難民と天安門事件ぐらいではなかったでしょうか。

国際問題だけでなく、国内問題でも同様です。日本のように国内の貧富の格差や人種問題が少ない国は、例外的と言っていいのです。もちろん、貧富の格差や人種問題などは少ない方がいいのですが、社会的、政治的問題意識が育ちにくいという意味では不幸なことだといえましょう。とすると、日本人は意識的に世界各地にある厳しい状況に関心を寄せ、身を置く努力をしなければならないのではないでしょうか。

上智大学で教えていた一九八〇年ごろ、当時のヨゼフ・ピタウ学長は、学生をカンボジア難民キャンプでの支援活動に行かせました。「奉仕の結果、カンボジア難民には得るものがないかもしれないが、学生が得るものははかり知れない」とおっしゃっていました。大学は、この活動に単位を与えました。その後、学生の一部にフィリピンのスラムで活動するグループが生まれたりしました。こうした取り組みを、教育現場が積極的に仕掛けていかないと、放っておいてはチャンスは巡ってこないのです。

二十一年前（一九七六年）に私が日本政府の国連代表部公使として初めて外交の世界に接したころと比べて、国際社会で仕事をしている日本の外交官や国際機関職員は積極的になってきたと感じます。

かつて日本外交官は「スマイリング（薄笑い）、スリーピング（居眠り）、サイレント（発言しない）」の3Sなどと言われていました。しかし、スリーピングは世界共通としても、はっきりと意見を言わずにあいまいにニコニコしているだけの日本外交官は今や見かけなくなりました。ただ、決断が遅い、という傾向は今も変わらないように見えます。国際会議などで日本の外交官は、他国がどうするかを調べるのが先、という訓練を受けているようです。

コンセンサスという概念も、日本独特のとらえ方をしています。コンセンサスというのは、自然に形成されるものではなく、強力なリーダーシップが引っ張って初めて、形になるものなのです。日本の教育は、平均点がきわめて高い人材群をつくり出します。均等に質が高い。ですが、そこに重きを置きすぎていて、リーダーシップの育成には不向きだ、という印象を持っています。国際社会で、決まったことを実施する力において群を抜く日本が、なかなか主導権を握れず何となくもたもたした国だと見られるのは、この辺りに起因していると感じられます。

国内基準と国際基準を別のものと考えるのも日本の特徴です。各都道府県が持つ緊急時の備蓄食糧を海外の災害現場や難民発生地に提供することができません。国際緊急援助隊が、阪神・淡路大震災のときに訓練という名目でしか出動できませんでした。欧米の人間は、自分たちのスタンダード（標準）がそのまま国の内外で通用すると信じています。ですから臆することなく、その標準を国際社会で主張するのです。

国内用と国外用の二種類の制度をつくり、ことさらに「国際貢献」という発想をするのも、日本人が「内」と「外」は違うと思い込んでいるからでしょう。内と外を隔てる制度を取り除けば、国内の取り組みはそのまま世界で十分通用するのです。私はよく「国内・国外一元化」という言葉を使いますが、この一元化なしに国際化もないし、国際貢献も難しいと思っています。ここにも、同じ言語を話し、島国に住んでいる、という「不幸な」環境がからんでいます。社会というのは均質である必要はないのです。

私は高等弁務官に就任するにあたって、日本には人道大国になってもらいたい、という期待を表明しました。いま、キーワードは「ソリダリティー（連帯）」だと思っています。遠い国の人びとに対して連帯感が持てるかどうかが鍵です。

これは日本だけの問題ではありません。対抗文化が影を潜め、大勢順応型といいますか、享楽型の若者が増えているのは、全世界的な傾向です。国外にはもちろん、国内にも連帯を感じる対象を失っているように見受けられます。人間としてのソリダリティーの感覚を持った層を広げていかないと、それが政府の姿勢にも必ず反映します。途上国に対しての主体的な協力をしなくなります。例えば、ザイールという国がなくなってしまおうが、そこに大きな混乱が生じていようが、うちとは関係ありません、ということになっていくのです。

実は私も、アフリカとかかわりを持ったのは高等弁務官になってからです。毎年アフリカ統一機構（OAU）の年次総会に出席するのをはじめ、年に三回はアフリカの各国を回ります。UNHCRの事業の約四〇パーセントがアフリカ関連であるという事情もあります。最近感じるのは、この仕事に就かなければ、ツチ族とフツ族が何かということさえ知らず、関心もないままに生きていたかもしれない、ということです。世界のさまざまなできごとに身をさらさなければ、現実感、ひいては連帯感を持つことは難しい。現場に出て初めて問題点がくっきりと見えてきた、という経験を私は何度もしているのです。

私は、国の内外を問わず、自分で歩いてみることを、若い世代にすすめます。私自身は米国留学中に国際関係論を勉強し、帰国後、日本の政治外交史を専攻しました。日本が国際社会で歩んだ道をしっかり学んでおきたいと思ったからです。留学経験が逆に日本への関心を呼び起こしたのです。このころに、私は自分の中での国の内と外を隔てる壁を低くすることができたと感じています。

もうひとつ、若い世代に申し上げたいことは、国際社会で言葉はとても大切だということです。しっかりした言語能力がなければ、実のある活動はできません。自分の意思を伝えたり、用を足す手段としてだけに考えず、相手の文化を学ぶ材料だととらえるべきです。さまざまな言い回しに、その言語を生んだ文化がそのまま表れているのです。言語とは文化であることを自覚して学び、使うことが必要です。言語を通して開ける新しい世界、ひとつの文化、別の価値体系との遭遇が、遠い国の人々に対して連帯感を持つことにつながります。

# 初出一覧

| | |
|---|---|
| ジュネーブ忙中日記 | 「外交フォーラム」一九九三年八月号〜九四年十二月号* |
| 国連難民高等弁務官着任一カ月 | 「外交フォーラム」一九九一年五月号* |
| 難民・国内避難民・経済移民 | 「外交フォーラム」一九九一年八月号* |
| カンボジア和平の課題 | 「朝日新聞」一九九二年二月八日朝刊 |
| 冷戦後の世界と難民 | 「読売新聞」(地球を読む)一九九二年三月二十三日朝刊* |
| 人道的介入をめぐって | 「読売新聞」(地球を読む)一九九二年九月二十一日朝刊* |
| 北欧の災害救援システムとの連携 | 「読売新聞」(地球を読む)一九九三年二月十五日朝刊* |
| 国境と難民 | 「読売新聞」(地球を読む)一九九三年十一月十四日朝刊* |
| 難民がなくなる日は来るのか | 「外交フォーラム」一九九四年十二月号* |
| コソボが突きつけた課題 | 「読売新聞」(地球を読む)一九九九年一月十八日朝刊* |
| 難民問題の解決へ向かって | 「外交フォーラム」二〇〇一年三月号* |
| 難民保護の十年を振りかえる | 「文藝春秋」二〇〇一年五月号* |
| 経済大国から人道大国へ | 「外交フォーラム」一九九一年四月号 |
| 人道援助とＰＫＯの連動 | 「外交フォーラム」一九九七年三月号* |
| 緊急的人道援助はどう行われたか | 「外交フォーラム」一九九九年十一月号 |
| アフガニスタン復興支援国際会議を終えて | 「外交フォーラム」二〇〇二年四月号 |
| 世界へ出ていく若者たちへ | 「朝日新聞」一九九七年八月三十一日朝刊(一部加筆) |

*印は収録にあたり改題しています

# 解説
# リアルな平和主義者・緒方貞子

石合　力

　歴史の波動は、大きな出来事の数年後にやってくる。緒方貞子さんが難民を支援する国連機関、難民高等弁務官事務所（ＵＮＨＣＲ）のトップ、高等弁務官に日本人として初めて就任した一九九一年は、ベルリンの壁崩壊と冷戦終結から二年後に当たる。第二次世界大戦の終結から約半世紀続いた戦後秩序が大きく変わり始める時期と重なっていた。

　赴任の前年一九九〇年には、イラクのクウェート侵攻（八月）、東西ドイツの統一（十月）があり、赴任した一九九一年はユーゴスラビアの分裂（六月）、ソビエト連邦の崩壊（十二月）と続く。それから二〇〇〇年に退任するまでの十年間は、まさに歴史の荒波に世界が翻弄され、難民問題が急速にクローズアップされる時期だった。

「国内にマグマのように鬱積していた民族対立や社会的不正義、不公正という問題がにわかに噴き出したのだ」（本書二二四ページ、以下ページ数は本書のものによる）。緒方さん自身が英語で書いた回想録のタイトル『THE TURBULENT DECADE』（邦訳『紛争と難民 緒方貞子の回想』集英社）を直訳すれば、「波乱の十年」といったところだろうか。

本書『私の仕事』は、着任直後に直面したクルド難民危機をはじめ、十年間の折々に起きた世界各地の紛争や難民危機に緒方さんがどう立ち向かったのか、自身が書き、語った記録を集めたものである。問題発生と同時進行、あるいは直後のタイミングで書かれたものが大半だけに、読者は、大国の指導者や紛争の当事者を相手に事態の改善を試みる交渉の緊迫感や紛争の現場に身を置いたような臨場感を味わえることだろう。

歴史の荒波を前に、決してひるまず、絶望的な状況の中でも楽観主義を失わない、その振る舞いに通底するのは、ルールや前例に縛られず、難民や避難民という弱者の側に立って対応しようとする人道主義だろう。「一番大事なことは苦しんでいる人間を守り、彼らの苦しみを和らげること」（二二二ページ）なのだ。紛争や災害、飢餓などの脅威が多様化し、従来の「国家の安全保障」では対応できない事態に対し、人間ひとりひとりに焦点を合わせて、個人の保護や能力強化などを通じて脅威に対処する新たな概念「人間の安全保障」の重要性を掲げ、援助の現場で実践していった。

その際、緒方さんの凄みは、とかく理想に陥りがちな人道主義、平和主義といった概念を現実の課題として受け止め、事態の改善に向けて何が必要かを構造的に分析した上で、具体的な解決策を見いだすという現実的（プラグマティック）な姿勢だろう。前例のない事態に悩みながらも、現場に足を踏み入れ、同時に米大統領ら各国首脳や国連事務総長、紛争の各当事者らと粘り強く交渉し、できることを見いだしていく。地に足のついた「リアルな平和主義者」だからこそ、「世界のオガタ」として今なお各国政府や国際機関、援助関係者から尊敬と称賛を受けているのだろう。

記者として、私が緒方さんを取材するようになったのは、難民高等弁務官退任後の二〇〇二年一月、アフガニスタン復興支援国際会議からである。その後、国際協力機構（JICA）の理事長に就任した緒方さんには、折りに触れて、直接話を伺う機会をいただいた。日本のアフガン支援など、個別の援助政策にとどまらず、世界の現状の変化を踏まえ、国家や国境を越えた紛争への対処や、未来の海外援助の方向性といった大きなテーマで語ってもらうことも多かった。私が東京本社で国際報道部長をしていた昨年（二〇一六年）には、朝日新聞の連載記事「人生の贈りもの　わたしの半生」で、幼少期から現在までを振り返る連続インタビューに応じていただいた。

緒方さんの経歴や活躍については、様々な著作や報道を通じて、多くの読者にとって周知のことも多いと思うが、その際のインタビューでの発言も紹介しつつ、「リアルな平和主義者」としての緒方さんの実像に触れてみたい。

## ◇五・一五事件と平和主義

緒方貞子さん（旧姓・中村）は一九二七（昭和二）年九月、麻布区霞町（現在の東京都港区）で生まれた。昭和金融恐慌が起き、暮れには浅草・上野間に日本で初めての地下鉄が開通した年である。

名前を付けたのは、後の首相で曽祖父の犬養毅《いぬかいつよし》。初ひ孫の名前を記した「名記《めいき》貞子」の書は今も緒方さんの自宅に飾ってある。

父中村豊一《とよいち》は外交官、母方の祖父は犬養内閣で外相を務めた芳澤謙吉。犬養も外相経験を持つ。外交官一家に生まれ、幼少時から父の勤務にあわせて米国、中国を転々とした。

その曽祖父は一九三二年五月、首相官邸を襲った海軍の青年将校らに暗殺される。「五・一五事件」である。当時、まだ四歳だった緒方さんは、曽祖父の突然の死をサンフランシスコで知る。

「そのときのことを聞いて、軍部はよほど悪い人たちに違いないと思いました。だから、子どもの頃から『軍部は悪い』という感じを強く持っていました」

緒方さんの掲げる「平和主義」の原点に、軍部が台頭し、曽祖父を軍部に殺された自らの幼少期の体験が少なからず影響していることは、本人が語る通りである。一九三九年に香港から日本に戻った父が電信課長になった際には、外務省の敷地内に住んでいた。満州とモンゴルの境界付近で日本とソビエトの軍事衝突ノモンハン事件が起きたのはその年の五月。「自宅の廊下にあった五、六個の電話が一斉に鳴ったことを覚えています」

その後、研究者として日本政治外交史の勉強をした際、五・一五事件当時の陸軍大臣だった荒木貞夫に聞き取りにいったことがある。荒木は皇道派の重鎮で青年将校のカリスマ的存在だった。

「衰えて、寝ておられたところに行きましたが、異様な感じがしました。（中略）私は犬養のひ孫ですってことは言ったかもしれません」

自分の曽祖父の暗殺と深くかかわる人物が目の前にいる。ただ、研究対象として見た印象については、こうも語っている。

「大いばりの悪い人だと思っておりました。歴史的な評価は変わるものではないけれども、うかがうと軍人なりに国のことを思ってやったんだと。そういうお答えでした」

後に結婚することになる緒方四十郎(元日銀理事)の父はジャーナリスト、政治家の緒方竹虎。一九三六年の「二・二六事件」の際、竹虎が当時主筆だった朝日新聞は反乱軍に活字棚をひっくり返された。

「言論機関とか銀行、外務省などの専門的な組織をしっかり維持しないといけない。そうしないと訳のわからない乱暴者にやられる。そういう哲学で育ってきた。もちろん、軍隊全部に反対しているわけではありませんよ。ただ、軍部が政治に介入すると危険だという教訓は身にしみています」

軍隊が暴走したときの危険性を踏まえつつ、軍隊の役割、使い方は否定しない。そうした現実主義的(プラグマティック)な対応は、高等弁務官に就任した直後に発生したクルド難民危機で、イラク領内に安全地帯を設け、避難民の保護に多国籍軍を活用するという前例のない決断にもつながる。

「軍隊だから頼まないとかいうよりも役に立つなら頼めばいいじゃないかという発想でした」

難民条約では、国境を越えていない人々は国内避難民で難民ではない。従来の考えでは、ＵＮＨＣＲが支援する対象は難民だけだった。それでは解決できない状況になったときにどうすればいいのか。

「私は人間を助けるということが何より大事であると考えました。（中略）どんなに条約を守っても、そこにいる人々の半数が殺されたのでは何にもならない。このような判断ができるのは当時、（高等弁務官である）私しかいなかったのです」

## ◇米国が育んだ国際感覚

緒方さんが持つ、豊かでバランスのとれた国際感覚は、幼少期からかかわりの深い米国を抜きには語れない。

最初にサンフランシスコに渡ったのが三歳になる直前の一九三〇年夏。その後、オレゴン州ポートランドに移ってから、多様で自由な教育方針を持つ私立の小学校に入る。英語の勉強は、その後、父の転勤で中国に行ってからも続いた。

「日系二世のような人が家庭教師、子どもの世話役として一緒に来て、本を読むなど英語の勉強はずっと続けていました。やっぱり英語を知らないといけないと親が強く思っていたのですね」

「私は家庭内では、アメリカ人（アメリカン）だって言われていました。米国で育ち、留学もし、日米関係や対米戦争を勉強してきた。米国は自分の中に入っているし、友達も多い」

アメリカ人の修道女が作った聖心女子大に一期生として入った。キリスト教徒になったのもこの頃だ。自宅近くのカトリック教会に通い、ミサに出ることも多いという緒方さんだが、ものごとを決めるときにまず考えるのは宗教的なものではなく、政治哲学から導きだされる理性的なものだという。

その後、米国の首都ワシントンのジョージタウン大・大学院に進んだ。イエズス会の比較的小さい大学から、博士課程では西海岸カリフォルニア大学のバークリー校へ。著名なアジア研究者、政治学者のロバート・スカラピーノ教授のもとで学び、政治学博士号を取った。

当時を振り返り、「学問するのはああいうところ（バークリー校）かなと。学術的に優れた先生がいくらでもいる。考えてみれば、そこに最初に行っていたら埋もれちゃったかもしれないと思いました」と語る。

ワシントンについて「議会と政府の特殊な政治（ポリティクス）を見る場所ですね。

こまかなことはいくらでもわかる」とした上で「世界全体を見るのはニューヨークですね。国連があるからだけではなく、人間は経済と一緒に動くものです」と話す。

ワシントンには、日本の「永田町」に当たる「インサイド・ベルトウェー」という言葉がある。本書第一章の「ジュネーブ忙中日記」でも明らかなように、米政界のインナーサークルに、緒方さんほど深く入り込んだ日本人はそういない。その緒方さんが、ワシントンからだけでは必ずしも世界は見えないと語るのだ。ワシントン、ニューヨークの国連本部、そして紛争地の現場に足を運んできた緒方さんならではの含蓄ある見方だろう。

アジアとの関係重視や和解、「歴史問題」などについての発言も多い。そこには幼少期、米国の後に過ごした中国に対する特別の思いがある。中国各地の総領事になった父の仕事で福州、広東、香港と南部を転々とした。その頃は日中関係が非常に厳しい時代と重なる。自由奔放だった米国の学校から、中国の日本人学校に移った緒方さんには、規律の正しさがまるで日本のように映った。「びっくりしました。そこに『日本』があるのです」

中国との関係は祖父、曽祖父にもさかのぼる。曽祖父の犬養毅は、辛亥革命を支援し、孫文の日本亡命を手助けするなど、中国国民党の指導者と親交があった。二〇一四年、天津でのダボス会議に出た際には、祖父（外相を務めた芳澤謙吉）が外交官として天津にいた際のゆかりの邸宅を訪ねた。一九二四年に北京政変で紫禁城から追放された際、清朝最後の皇帝、宣統帝が日本側の保護で一時住んでいた屋敷が資料館になっていた。そこに飾ってあったのが宣統帝が祖父に宛てた書だった。

後に日本の傀儡《かいらい》国家、満州国の皇帝になった愛新覚羅溥儀《ふぎ》の姿を研究者として、第二次大戦後の東京裁判の傍聴で見かけた緒方さんは、「宣統帝が出てきたときのことは忘れられません。お気の毒で申し訳ない気はしました。半分は歴史の中にうちの家族が入り込んでいましたから」と話す。

駐日大使から中国外相に転じた王毅氏とは天津ダボス会議の機会を含め、何度も会う仲だ。

「話してみると、『うまくやれそう』ではなくて、『やらなければならない』なんです。侵略など日本が悪いことをした部分はあるけれど、日中関係というものは長い歴史の中で持ちつ持たれつで来たのですから」

日本国内で高まる嫌中、嫌韓論について、緒方さんの考え方は明快だ。「日本は中国との関係を敵対視したままで繁栄できるわけがありません。向こう側もそうですよ。常識と歴史の上に立てば、日中関係の重要性はわかるはずです」

歴史問題で揺れる日韓関係をめぐっては二〇一四年四月、研究者仲間でもあるハーバード大のエズラ・ヴォーゲル教授、韓国の韓昇洲《ハンスンジュ》元外相と連名でワシントン・ポスト紙に投稿した。タイトルは「過去の傷を洗い流し、日韓はともに協力できる」。戦後、急速な経済成長を成し遂げた日本を名著『ジャパン・アズ・ナンバーワン』で描いたヴォーゲル氏は、投稿の直後、私のインタビューに答え、一九三七年の南京事件の犠牲者数をめぐる議論についてこう語ったことがある。

「もし『三十万人だ』という見方に対して日本側が『それほど多くない』といえば中国人は怒る。問題は数が少なくても、旧日本軍がとった行動自体は正当化されない、ということです」

「僕が日本人なら、こう言うだろう。被害者数については様々な見方がある。それでも当時の日本人、旧日本軍の兵隊が中国人に対して悪いことをした。日本人はもう二度としません、と」

緒方さんも、とかく感情的（エモーショナル）になりがちな日中、日韓関係について、こう語る。

「ひとつには日本の優越感があると思うのです。確かに近代化はアジアで一番早かったかもしれないけれど、いつまでも日本がナンバーワンで居続けるわけがない。日中、日韓、あるいは日米関係の上で初めて日本の将来があるということを徹底しないと。『持ちつ持たれつ』でいくことの意義を考えるべきです」

## ◇現場主義はテニスの体力で

緒方さんの平和主義は、理想を掲げながらも常に「リアリズム」に立っている。その裏付けになるのが行動力と徹底した現場主義だ。それは、難民高等弁務官就任直後に起きたクルド難民危機で、早速発揮された。九一年二月に着任して四月には、ヘリでクルド難民のいるイラクとトルコ、イランとの国境地帯に乗り込んだ。そこで国境の山岳地帯に流出する難民を見たうえで、緒方さんはこう語る。

「地形的にもトルコ側は絶壁になっている。(中略)多国籍軍は、トルコ側よりも緩やかなイラク側に安全地帯をつくり難民キャンプを設営する——つまり、難民たちを彼らの自国で守ることを考えた」(二二一ページ)

「従来の原則に則《のっと》れば、イラクから人々が国境を越えて逃げてくるまでは私たちはノータッチだ。しかし、一番大事なことは苦しんでいる人間を守り、彼らの苦しみを和らげることであり、その場合、『国境』というものがどれほど実質的に意味があるの

だろうか」（二二二ページ）
　現場からの報告を本部で受けるだけの指導者なら、前例にならった判断しかできないだろう。現場を見ているからこそ、従来の原則にとどまらない、状況に応じた判断ができる。そうだとわかっていても、それを実行できる指導者はさほど多くはない。
「ＵＮＨＣＲの仕事はその八割が現場にある。（中略）何か緊急事があったとき、ぱっと出ていって、いろいろなかたちで役に立つという陣容を訓練してきた。予防活動を難民援助の現場で実施したのである」（一九ページ）
　私とのインタビューではこう語っている。「せっかちだから、ぐずぐずと長い理屈をつけた説明を聞くのは好きではなかった。テニス部など体育会系の出身だから、身体を動かしていろんなところに行くのは平気でした。やっぱり現場をみて判断しないとわからないことは多い」
　難民高等弁務官の退任後、アフガニスタン復興支援に日本政府の総理特別代表を務めた際も、まず現場に足を運んだ。
「私は、現地の人々の文化や風土を理解するということはとても大事だと思っていました。すぐに現場に行ったのです。それを理解しないと本当の和解も解決への道も付けられない。ニューヨークの五番街の頭でやろうとしたってだめだと思います」

現場主義を支えるのが強靱《きょうじん》な体力と健康だろう。時差をものともせず、複数の現場を飛び回り、ワシントンやニューヨークとの調整も怠らない。合間には講演をし、取材を受ける。そのスケジュールの激しさは、「忙中日記」を数ページ読んだだけで目がくらむほどだ。長年の教職、研究者生活から高等弁務官に転じたのが、すでに六十代前半だったのだから、驚くほかない。

大きな病気をしたことがないという緒方さんの体力づくりと健康法は、八十代後半になった今も続けるテニスだ。学生時代には、全日本選手権のシングルスでベスト16の記録を持つ。ゴルフは「時間の割に運動量が少ない。時間がかかりすぎるのでしょうね。だから結局、今でもテニスをします。ダブルスとかミックスダブルスとか」

何度か食事をご一緒させていただいたこともあるが、ランチでもワインをたしなむ。九十歳で亡くなった母方の祖父・芳澤謙吉は米どころ新潟の出身で、いつもいいお米を食べて地元の日本酒「朝日山」を飲んでいたという。

晩酌についてうかがうと「私はやっぱりスコッチ（ウイスキー）ですよ。ご飯前に水割りでちょっと飲む。それから台所へ行ってあるものをかき集めて食べ物を作る。夕飯の時に飲むのはワインか日本酒ですね。何か飲まないと食事にならないもの。ジントニックも飲みます。米国の影響ですよ。二日酔いみたいなものはあまりないですね」とのことだった。

ＪＩＣＡ理事長を退任後の現在も特別フェローとしてＪＩＣＡ研究所内にあるオフィスを頻繁に訪れ、資料整理や研究に当たっている。

### ◇難民問題で直言も

難民高等弁務官、ＪＩＣＡ理事長として難民支援の現場に長年かかわってきた緒方さんは、中東の危機、とりわけ大量の難民、国内避難民を生み出しているシリア内戦の行方に気をもむ。ＵＮＨＣＲによると、内戦前に人口約二二〇〇万人だったシリアから難民として国外に逃れた人は五〇〇万人超。居場所を追われた国内避難民六三〇万人を含め、国内で支援が必要な人は一三五〇万人に達する（数字は二〇一七年二月現在）。

特に諸外国に比べても難民受け入れに消極的な日本政府の姿勢について、「けちくさい『島国根性』じゃないか。『積極的平和主義』というのなら、もう少し受け入れなければならない」と語るほどだ。

本書でも難民問題への対応にとどまらず、日本社会の将来像にまで言及する。「稀《け》有《う》な速さでの少子化、高齢化を経験している日本にとっても、合法的な外国人労働者の受け入れと難民への対応を見直していく時期に来ている」（二一一ページ）

指摘は二〇〇一年のものだが、基本的な状況は現在も変わっていない。長年、外から日本を見てきた緒方さんは日本社会の特質を「オーダリー（規律正しい）」という言葉で説明する。それは「だれかが仕切ってくれないと動かない。官僚制が強いというのは、日本の社会の内部から来るものではないかしら」と話す。

そんな緒方さんに、二〇〇〇年代前半、外相候補としての白羽の矢が立ったことがある。

「お誘いはありました。しかし、父も祖父もみんな外務省にいたので、それは案外私には向いていないということは知っていましたよ。あの役所は細部までしっかり詰めて、その中で方針を立てていかないと成り立たないところです。それを引き受ける冒険ダン吉じゃなかったわけです」

「向いていない」というのは、もちろん謙遜だろう。ただ、外務省の中にもあるオーダリーな特質の中のよくない面を緒方さん一人の力で変えようとすることが求められたとすれば、一筋縄ではいかなかったことは間違いない。

本書最終章「世界へ出ていく若者たちへ」では、コンセンサスという概念について

「自然に形成されるものではなく、強力なリーダーシップが引っ張って初めて、形になるもの」としたうえで、日本の教育について「均等に質が高い。ですが、そこに重きを置きすぎていて、リーダーシップの育成には不向きだ、という印象を持っています」（三七六ページ）と語っている。

　グローバルな人材づくりが求められて久しいが、緒方さんは「やっぱり留学は、した方がいいだろうと思います。日本はいい教育はしているけれど画一化が激しいですから。個別にしっかり教育をしていくけれど、全体を見るということが少ない」と指摘する。

　全体像を見失いがちな日本に対して、緒方さんは世界の行方をどう見通していたか。米同時多発テロ事件が起きた二〇〇一年九月の翌月に米ハーバード大で講演した「グローバルな人間の安全保障と日本」（三二五ページから）の指摘は、「自国第一」を掲げるトランプ氏が米大統領に就任し、日本とアジアとの緊張関係が続く二〇一七年の世界に対する警句のようだ。

「もし、このたびのテロに対する戦いが、もっと深い、相互依存と連帯感に裏づけられなければ、将来、安全で安定した世界が出現する保障はありません」

「ここ数年、私は日本とアメリカの両国において内向き思考が進んでいることに不安を募らせてきました。国際的責任という意識が後退し、外交政策がポピュリズムに左右されるようになっていると感じていました」

「日本の指導者は日本の国是についての明確な感覚を失いました。内向き志向はナショナリズムを生み、外交は沈鬱な国内のムードを反映するものとなりました。日本の経済も安全もグローバルな基盤に依存しているという認識が失われてしまいました」

あまりにも的確な先見性ではなかろうか。

緒方さんは、昨年の私のインタビュー以降、発言を控え、メディアの取材にも応じていない。高等弁務官時代に自分の直属の部下だったフィリッポ・グランディ氏が高等弁務官に就任するなか、あとは後進に任せるという意向なのだろう。

それでも、この不透明、不確実な時代だからこそ、我々は緒方さんの見識と視点をまだまだ必要としている。「リアルな平和主義」に徹してきた緒方さんの本書での論考は、時を経て、色あせるどころか、ますますその輝きと意味を増していると言えるだろう。

島国日本が、「日本はすばらしい」と自賛し、日本だけの繁栄や心地よさを求めればどうなるか。緒方さんは私にこう語っている。

「すばらしかったらそれを広めるということが一つの使命です。この国は物がなくなったりもしないし、犯罪もひどいわけじゃない。やや、心地よすぎるのです。だけど、ほかの国も心地よくならないと、いつかは、私たちも心地よくなくなる。それをもう少しはっきり認識することが必要ではないかと思います。いくら島国だって日本だけカンフォタブルではいられないから」

（いしあい　つとむ／朝日新聞ヨーロッパ総局長）

私《わたし》の仕事《しごと》
国連難民高等弁務官《こくれんなんみんこうとうべんむかん》の10年《ねん》と平和《へいわ》の構築《こうちく》
朝日文庫

2017年5月30日　第1刷発行
2020年5月10日　第5刷発行

著　者　緒方貞子《おがたさだこ》

発行者　三宮博信
発行所　朝日新聞出版
〒104-8011　東京都中央区築地5-3-2
電話　03-5541-8832（編集）
03-5540-7793（販売）
印刷製本　大日本印刷株式会社


Published in Japan by Asahi Shimbun Publications Inc.
定価はカバーに表示してあります

ISBN978-4-02-261901-3
落丁·乱丁の場合は弊社業務部（電話03-5540-7800）へご連絡ください。
送料弊社負担にてお取り替えいたします。